Christoph Störmer

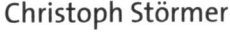

W0233010

Das
Christentum

in 100 Fragen
und Antworten

Gütersloher Verlagshaus

Bibliografische Information der Deutschen Nationalbibliothek

Die Deutsche Nationalbibliothek verzeichnet diese Publikation in der Deutschen Nationalbibliografie; detaillierte bibliografische Daten sind im Internet über https://portal.dnb.de abrufbar.

MIX

Papier aus ver-
antwortungsvollen
Quellen

FSC® C005833

Verlagsgruppe Random House FSC® N001967
Das für dieses Buch verwendete FSC®-zertifizierte
Papier *Munken Premium Cream* liefert
Arctic Paper Munkedals AB, Schweden.

1. Auflage
Copyright © 2015 by Gütersloher Verlagshaus, Gütersloh,
in der Verlagsgruppe Random House GmbH, München

Druck und Einband: Těšínská tiskárna, a.s., Český Těšín
Printed in Czech Republic
ISBN 978-3-579-08517-3

www.gtvh.de

GÜTERSLOHER
VERLAGSHAUS

Christoph Störmer

© privat

Geboren 1950 in Hessen; Theologe und Diplom-Pädagoge, Studium in Kiel und Hamburg; Arbeits- bzw. Studienaufenthalte in London und New York; seit 1980 Gemeindepastor, zuerst in Hamburg, von 1987 bis 2002 in Altenholz bei Kiel; seitdem Hauptpastor in St. Petri, Hauptkirche in der Hamburger City. Seit über 20 Jahren Autor von Morgenandachten beim NDR.

Entdecken Sie mehr
auf www.gtvh.de

Inhaltsverzeichnis

Vorwort   **11**

1. Wird beim **Abendmahl** Blut getrunken?   **13**

2. Warum gilt **Abraham** als der Urvater
   des Glaubens?   **14**

3. Wie ist es mit dem **Absolutheitsanspruch**
   des Christentums?   **16**

4. War **Adam** der erste Mensch?   **17**

5. Kann man nach Auschwitz noch an die
   Allmacht Gottes glauben?   **19**

6. Welche Bedeutung hat ein **Altar**?   **20**

7. Ist **Amen** immer das letzte Wort in der Kirche?   **21**

8. Was versteht man unter **Apokalypse**?   **22**

9. Was hat **Auferstehung** mit Aufstehen zu tun?   **24**

10. Warum **bekreuzigen** sich Christen?   **25**

11. Kann man mit der **Bergpredigt** Politik machen?   **27**

12. **Beten** – was soll das bringen?   **28**

13. Warum heißt die **Bibel** auch »das Buch der
    Bücher«?   **30**

14. Was sollte man über die **Bibel** unbedingt wissen?   **31**

15. Wozu soll **Buße** gut sein?   **33**

16. Wozu verhilft das **Christentum**?   **34**

17. Ist **Christus** der Nachname von Jesus?   **36**

18. Wie kann man sich **Dreifaltigkeit** vorstellen?   **37**

19. Welche **Eigenschaften** zeichnen einen Christen aus?   **39**

20. Kann man **Engeln** auf die Spur kommen?   **40**

21. Was bedeutet **Erbsünde**?   **41**

22. Wie steht es um den **Eros** im christlichen Glauben?   **43**

23. Was heißt **Evangelium**?   **44**

24. Hatte Jesus eine **Familie**?   **45**

25. Gehört **Fasten** zu den christlichen Frömmigkeitsübungen?   **47**

26. Ist **Feindesliebe** nicht völlig utopisch?   **48**

27. Wieso ist der **Fisch** ein christliches Symbol?   **50**

28. Hat Gott **Fragen an uns**?   **51**

29. Wie war die Haltung Jesu zu den **Frauen**?   **52**

30. Sind die **Zehn Gebote** noch zeitgemäß?   **54**

31. Was **glauben** Christen?   **56**

32. Was ist die **Goldene Regel** im Christentum?   **57**

33. Was passiert in einem **Gottesdienst**?   **58**

34. Was ist am **Gründonnerstag** grün?   **60**

35. Warum wird in den Kirchen **Halleluja** gesungen?   **61**

36. Was wird am **Heiligabend** gefeiert?   **63**

37. Wie viel Unheil hat die christliche **Heilsgeschichte** angerichtet?   **64**

38. Gibt es einen Zusammenhang zwischen Glaube und **Heilung**?   **65**

39. Welche Rolle spielt das **Herz** für den Glauben?   **66**

40. Wie komme ich in den **Himmel**?   **68**

41. Ist **Himmelfahrt** ein Tag der christlichen Raumfahrt?   **70**

42. Hat Gott **Humor**?   **71**

43. Was bedeutet **Inkarnation**?   **73**

44. »**INRI**« – oder: Warum wurde Jesus gekreuzigt?   **74**

45. Soll man als Christ zu allem **JA** und Amen sagen?   **75**

46. Was verbirgt sich hinter dem Namen **Jehova**?   **76**

47. »**Jericho** ist überall.« – Was bedeutet dieser Satz?   **78**

48. Warum scheiden sich an **Jesus** die Geister?   **79**

49. Welche Aktualität hat **Johannes der Täufer**?   **81**

50. War Jesus **Jude**?   **82**

51. Muss man als Christ an die **Jungfrau** Maria glauben?   **83**

52. »Good Friday« – oder: Was ist am **Karfreitag** gut?   **85**

53. Wollte Jesus eine **Kirche** gründen?   **86**

54. Kann man auch ohne **Kirche** Christ sein?   **87**

55. Warum gibt es so viele unterschiedliche **Kirchen**?   **89**

56. Gibt es zum **Kirchenjahr** eine christliche Farbenlehre?   **90**

57. Wozu sind **Konfirmation** und **Kommunion** gut?   **92**

58. Macht die Begegnung mit **Kruzifixen** nicht krank?   **93**

59. Wieso nennt man die Kirche auch den **Leib Christi**?   **94**

60. Hat das Christentum eine Antwort auf die Frage nach dem **Leiden**?   **96**

61. Hat Jesus das **Liebesgebot** erfunden?   **97**

62. Stimmt es, dass das **Magnifikat** ein Aufruf zum Umsturz ist?   **99**

63. Wie können wir heute mit dem **Missionsbefehl** umgehen?   **100**

64. Ist **Musik** für den Glauben wichtig?   **101**

65. Ist **Mystik** eine christliche Modeerscheinung?   **103**

66. Ist **Nachfolge** ein erstrebenswertes Lebenskonzept?   **104**

67. Kann man Gott auch in der **Natur** finden? **105**

68. Was kann aus **Nazareth** schon Gutes kommen? **107**

69. Hat **Ökumene** etwas mit Globalisierung zu tun? **108**

70. Ist **Ostern** das Gegenteil von einem Western? **109**

71. Gab es das **Paradies** wirklich? **111**

72. Wie steht das Christentum zum **Pazifismus**? **112**

73. Was bedeutet **Pfingsten**? **114**

74. Ist der **Psalm** vom *Guten Hirten* nicht eine Zumutung? **115**

75. Was verbirgt sich hinter der **Rechtfertigungslehre**? **117**

76. Stimmt es, dass der **Regenbogen** an ein Bündnis erinnert? **119**

77. Was meint Jesus mit dem **Reich Gottes**? **120**

78. Was kann uns heute die **Schöpfungsgeschichte** noch sagen? **122**

79. Was bedeutet **Segen**? **123**

80. Sind die **Seligpreisungen** ein Beitrag für eine christliche Leitkultur? **125**

81. Warum ist Christen der **Sonntag** heilig? **127**

82. Was ist **Spiritualität**? **128**

83. Wie kann das Blut Jesu **Sünden** wegwaschen? **129**

84. Was bedeutet **Sündenvergebung**? **131**

85. Was hat die **Taube** mit dem Heiligen Geist zu tun? **132**

86. Wozu ist die **Taufe** gut?   **134**

87. Ist der **Teufel** Partner Gottes?   **135**

88. Was kommt mit dem **Tod** auf uns zu?   **136**

89. Kommen die sieben **Todsünden** aus dem Paradies?   **138**

90. Haben **Träume** Bedeutung für den Glauben?   **139**

91. Kann man noch das **Vaterunser** beten?   **141**

92. Wieso ist **Weihnachten** eine Sternstunde?   **142**

93. Gibt es am Ende der Zeit ein **Weltgericht**?   **144**

94. Glauben Christen an die **Wiedergeburt**?   **145**

95. Schließen sich Glaube und **Wissenschaft** nicht aus?   **147**

96. Kann man als Christ an **Wunder** glauben?   **148**

97. **X** – was bedeutet dieser Buchstabe in den Kirchen?   **150**

98. Tickt die christliche **Zeitrechnung** nicht ganz richtig?   **151**

99. Hat unser Leben ein **Ziel**?   **152**

100. Gibt es im Glauben Raum für **Zweifel**?   **153**

Nachklang   **156**

Namensregister   **158**

Zentrale Themenkreise   **159**

Vorwort

Es ist lachhaft, ohne Glaube zu leben.
Daher sind wir voreinander die lachhaftesten Kreaturen geworden.

So notiert Botho Strauss vor Jahren in seinem Buch *Paare, Passanten.* Und weiter:

Gott ist von allem, was wir sind, wir ewig Anfangende, der verletzte Schluss, das offene Ende, durch das wir denken und atmen können.

Sich dem Thema Glauben stellen, heißt demnach »ewig anfangen«. Eine Sisyphus-Arbeit also? Oder eine nicht endende Frische-Kur? Wer durch Gott, das »offene Ende«, atmet, erstickt nicht an sich selber. Und wer denkt, kommt nicht an Gott vorbei.

Wenn Gott der »verletzte Schluss« ist, lässt das aufhorchen. Die eigenen Verletzungen und Lebensbrüche kommen einem in den Sinn. Und der Mann am Kreuz. Hängt beides zusammen? In Leonard Cohens *Anthem* – ein Song, der zur Hymne geworden ist für eine ganze Generation – heißt es:

There is a crack in everything, that's how the light gets in.

Ein Riss in allem, durch den Licht einfällt – ist das nicht ein tröstlicher, ein christlicher Gedanke? Als öffne sich gerade in Lebenskrisen ein Fenster für einen Gottes-Einfall.

Dieses Buch ist ein Relaunch, eine Neuauflage. Statt 99 nun 100 Fragen. Nach 15 Jahren reicht es nicht, einfach eine Frage zu ergänzen. Alles muss noch einmal durchpflügt, gekürzt und ergänzt werden. Wissensfragen kann man heute schnell googeln. Doch Information allein reicht nicht. Es geht ums Vernetzen, um Verbindungslinien, um Zusammenhänge.

Wenn es in der Bibel heißt: *In Gott leben, weben und sind wir* (Apostelgeschichte 17,28), so ähnelt dies Buch einem locker verbundenen Gewebe. Leicht strukturiert durch das Alphabet, will es einführen ins Christentum und einladen zum Glauben. Als Begleitlektüre empfiehlt sich die Bibel. Man kann die 100 Fragen- und Antwort-Spiele auch als Tagesimpulse meditieren. Oder für Gespräche nutzen, denn jeder Denkanstoß führt in neue Räume, jede Antwort in neue Fragen. Dabei kann Gott »passieren« im wahrsten Sinne des Wortes. Bei jedem Atemzug streift er uns, streichen wir aneinander vorüber. Vielleicht auch bei der Lektüre dieser 100 Miniaturen.

Hamburg, im Oktober 2014   *Christoph Störmer*

Frage 1

Wird beim **Abendmahl** Blut getrunken?

Blut ist ein ganz besonderer Saft, wissen wir aus Goethes Faust. Die Bibel sagt: Im Blut steckt eine Kraft, die nicht tot zu kriegen ist. Blut hat eine Stimme. Das Blut des ersten Gewaltopfers *schreit zu Gott von der Erde.* So steht es auf den ersten Seiten der Bibel (1. Mose 4,10). Ein starkes Bild. Jesus nimmt es auf und verwandelt es. Mit einer einfachen Geste: Er bricht das Brot und reicht den Wein. Und sagt dazu: Das bin ich. *Mein Leib, für euch gebrochen. Mein Blut, für euch vergossen.* Jesus will sagen: Mein Tod wird nicht vergeblich sein. Denn ich will euch in Fleisch und Blut übergehen. Deshalb übt diese Geste. *Tut es, sooft ihr es trinket, zu meinem Gedächtnis*, steht im Neuen Testament.

Viele halten diese gottesdienstliche Übung bis heute für Hokuspokus. Das Wort stammt aus der Zeit, als beim Abendmahl auf Lateinisch gesagt wurde *Hoc est corpus – Dies ist der Leib.* Wahr ist, dass diese Wandlung ein Geheimnis bleibt. Wie soll man auch begreifen, dass sich Jesus seinen Freunden mit alltäglichen Lebensmitteln anverwandeln will? Und doch hat es etwas Tröstliches, wenn er sich mit dem Blut des ersten Gewaltopfers Abel verbindet und so nicht nur den eigenen Tod zumindest zeichenhaft überwindet. In Todesangst erschafft Jesus um sich herum eine Insel und Atmosphäre des Vertrauens. Er deckt den Tisch – wie es im Psalm 23 heißt – *im Angesicht der Feinde*. Aller Bedrohung zum Trotz *schenkt er voll ein.* Er feiert das Passahmahl, das Fest der Befreiung. Er will, dass das Leben, sein Leben, der Energie- und Wärmestrom von Gott, nicht abbricht. Sondern die ernährt und in denen fließt, pulsiert und atmet, die sich einladen lassen an den *Tisch des HERRN.*

Es ist wohl die schönste Geste des christlichen Glaubens: Brot brechen, den Kelch reichen, in den Kirchen Gastfreundschaft üben, immer wieder üben. So vermittelt sich Teilhabe – die Erfahrung, dass Glaube beginnt, wo wir Lebensmittel und Lebensworte teilen. Allen Lebensbrüchen zum Trotz.

Frage 2

Warum gilt
Abraham
als der Urvater des Glaubens?

Rock my soul in the bosom of Abraham heißt es in einem Spiritual. Eigentlich ist das ein Wiegenlied, ein Hoppereiter, fast respektlos und ohne Distanz, wenn man an den alten Abraham denkt. Seine Geschichte kann man nachlesen ab dem 12. Kapitel im 1. Buch Mose. Frei übersetzt heißt das Lied: Wiege mich am Busen, schaukle mich im Schoße Abrahams.

An der Wiege der drei großen monotheistischen Welt-religionen steht ein Mann, der 75 Jahre alt ist, als ihm Gott kommt und er daraufhin ins Neue, Unbekannte aufbricht. Juden, Christen und Muslime zählen zu den abrahamiti-schen oder abrahamischen Religionen, weil Abraham für alle drei so etwas wie ein Urvorbild ist: Er folgt einer Berufung. Doch welches Geheimnis, welche mal helle, mal dunkle Macht verbirgt sich hinter dieser Stimme, der er mal gehorcht, mal widerspricht? An Abraham kann man durchbuchstabieren, was es heißt, es mit Gott zu tun zu bekommen – mit allen Lockungen und Gefährdungen. Abraham ringt mit einem Gott, der die Städte Sodom und Gomorra vernichten will. Er bekommt es zu tun mit einem Gott, der ihn auffordert, den eigenen Sohn zu opfern. Das sind verstörend dunkle Seiten Gottes.

Wichtig bleibt bei Abraham das Aufbruchsmotiv, das schmerzhaft und doch unabweisbar zu sein scheint. Um ein eigener Mensch zu werden, muss man sich lösen, manchmal auch losreißen aus einer Vergangenheit, die einen festhält in unfruchtbaren Lebensmustern. Es gehört Mut dazu, sich diesem Ruf zu öffnen: *Geh aus deinem Vaterland und von deiner Verwandtschaft und aus deines Vaters Hause in ein Land, das ich dir zeigen will. ... Ich will dich segnen ... und du sollst ein Segen sein.*

Wie ist es mit dem **Absolutheitsanspruch** des Christentums?

*Ich bin der Weg und die Wahrheit und das Leben; nie-
mand kommt zum Vater denn durch mich* – so wird Jesus
im Johannesevangelium zitiert (14,6). Das klingt absolut
und ist doch keine Kampfansage, sondern Teil eines seel-
sorgerlichen Gesprächs zu einem Zeitpunkt, als Jesus im
Gehen, im Vergehen ist. Die Jünger fühlen sich verlassen.
Und Jesus sagt: Schaut mich an. In mir erkennt ihr Gott.
Die ICH-BIN-Qualität Gottes erfahrt ihr in der Begegnung mit mir. Geht meinen Weg, denn immer dann, wenn
ihr Liebe übt, wird Gott im Antlitz des Anderen sichtbar.
Habt deshalb keine Angst ohne mich. Der Geist der Wahrheit wird kommen und euch leiten – ins Leben.

Jesus war nicht nur Seelsorger. Man findet auch krasse
und von Zorn erfüllte Sätze, beängstigend intolerant und
gewalttätig. Einmal droht er ganzen Städten mit ewigem
Feuer und Höllenqual. (Matthäus 11,20ff.) Ein andermal
fordert er hundertprozentige Loyalität: *Wer nicht für mich
ist, ist gegen mich* (Matthäus 12,30; Lukas 11,23).

Dagegen steht eine große Gelassenheit: *Das Reich Gottes ist wie ein Senfkorn: wenn es gesät wird aufs Land, so
ist's das kleinste unter allen Samen auf Erden; dann geht
es auf und wird größer als alle Sträucher und treibt große
Zweige, so dass die Vögel unter dem Himmel unter sei-*

nem Schatten wohnen können. (Markus 4,31f.) Menschliche Eingriffe zum Ausmerzen des *Unkrauts* lehnt Jesus ausdrücklich als zerstörerisch ab (Matthäus 13,24ff.). Als seine Jünger einmal abgewiesen werden und in Rachefantasien schwelgen, weist er sie zurecht: *Wisst ihr nicht, wes Geistes Kinder ihr seid?* (Lukas 9,55)

Auf konkurrierende Wahrheitsmodelle reagiert Jesus gelassen: *Wer nicht gegen uns ist, ist für uns!* (Markus 9,40) Jesus relativiert die Wahrheit im besten Sinne des Wortes: Er setzt sie in Relation zu Gott. Eine Schlüsselszene ist seine Stellungnahme zu einem religiösen Streit seiner Zeit, nämlich, wer das wahre Heiligtum besitze, die Juden in Jerusalem oder die Samaritaner auf dem Berge Garizim: Weder hier noch dort werde man am Ende anbeten, so Jesus, sondern *im Geist und in der Wahrheit* (Johannes 4,24). Das könnte eine gute Formel für einen offenen interreligiösen Dialog sein, der differierende Wahrnehmungen achtet.

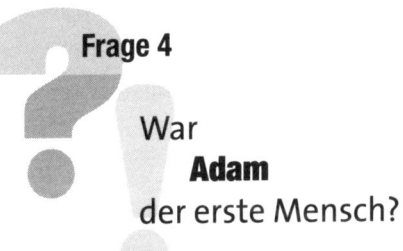

Frage 4

War
Adam
der erste Mensch?

Nein. Wen hätten sonst die Kinder von Adam und Eva heiraten sollen? Die Geschichte von Adam und Eva ist ein Kapitel biblischer Anthropologie. Sie erzählt vom Menschen ganz allgemein, über seine Größe und über seine Schwäche und über seinen Platz in der Schöpfung. Das hebräische Wort *adama* heißt Erde. *Adam* ist demnach kein Eigenname, sondern eine Gattungsbezeichnung. Der Mensch ist ein Erdling, ein von der Erde Genommener. Das ist biblischer Realismus: *Du bist von der Erde genommen und wirst wieder zu Erde werden.* So heißt es im Buch Hiob. Bei einer Beerdigung wird das mit dem Erdwurf auf den Sarg inszeniert: *Erde zu Erde, Asche zu Asche, Staub zu Staub.* Auch über den menschlichen Charakter sagt die Bibel nichts Schmeichelhaftes: *Des Menschen Herz ist böse von Jugend auf* (1. Mose 8,21).

Das ist die *eine* Seite der Medaille. Die andere ist optimistischer. Gott nahm zwar den Ton von der Erde und formte daraus den Menschen. Doch zu einer lebendigen Seele wird Adam erst, als Gott ihn zur *Person* macht, indem er ihm den Odem des Lebens in die Nase haucht und so sprachfähig macht. (Das lateinische Wort *personare* heißt *hindurchtönen.*) So steht es im älteren der beiden Schöpfungsberichte (1. Mose 2). Wir sind aus doppeltem Ton, dem irdischen und dem himmlischen. Die Töne, die wir bilden, verdanken sich auch göttlicher Beatmung bzw. Inspiration.

Kein Mensch ist auf einen Ton festgelegt, auf eine Rolle festgenagelt: Das ist die christliche Botschaft, die Verkündigung Jesu: Mensch, du kannst dich ändern. Du hast das Recht und die Chance, ein anderer zu werden.

Dazu kommt: Jeder Mensch, egal, was er anrichtet, bleibt ein Ebenbild Gottes. So steht es auf der ersten Seite der Bibel (1. Mose 1, 26). Dieses Bild braucht »Belichtung« und Entwicklung – es kann sich aber auch verdunkeln. Wir sind eben zu allem fähig. Zu aller Niedertracht, aber auch zu göttlicher Größe.

Frage 5

Kann man nach Auschwitz noch an die **Allmacht** Gottes glauben?

Es gibt persönliche Erlebnisse und geschichtliche Ereignisse, die einen an der Allmacht Gottes zweifeln lassen. Der millionenfache Mord am jüdischen Volk verdichtet sich in dem Namen des Konzentrationslagers. Wer könnte nach Auschwitz noch ganz naiv das christliche Credo sprechen: *Ich glaube an Gott, den Allmächtigen?* Elie Wiesel, selbst Überlebender des Holocaust, erzählt von einer Erhängung. Die Häftlinge mussten der Hinrichtung beiwohnen, der Todeskampf eines Jungen wollte nicht enden und jemand flüsterte: Wo ist Gott? Und spontan sei ihm der Gedanke gekommen: Dort hängt er! Starb Gott in Auschwitz? Und offenbarte er sich einmal mehr, wie schon am Kreuz, als ohnmächtiger, nicht eingreifender Gott? Aber ist das dann noch Gott?

Die ersten Christen galten in ihrer Umwelt als Atheisten – weil sie nicht an einen Gott glaubten, der in sicherer Distanz außerhalb der Welt ist, sondern an einen Gekreuzigten, den sie Kyrios, also HERR und damit Gott nannten. Das war, wie Paulus in seinem 1. Brief an die Korinther schrieb (1,23), für die einen ein Ärgernis, für die anderen eine Torheit. Dass Gott später im christlichen Glaubensbekenntnis neben dem väterlichen das Attribut der Allmacht erhielt, ist eher auf den Einfluss des griechischen Denkens zurückzuführen. Im christlichen Glauben steht mit der Gestalt Jesu eher ein ohnmächtiger Gott im Vordergrund, der, wie Paulus sagt, in unserer Schwachheit mächtig ist. Dass Gott in allem mächtig sei und besser noch: wirke – diese Aussage erscheint mir angemessener, als von der Allmacht zu sprechen.

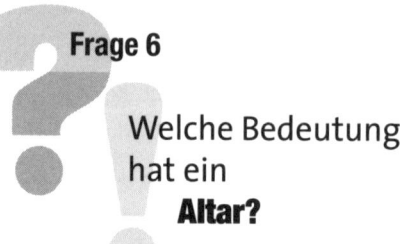

Frage 6

Welche Bedeutung hat ein Altar?

Im apokryphen Thomasevangelium findet sich (im Logion 77) der Satz Jesu: *Spaltet ein Holz – ich bin dort. Hebt den Stein hoch, und ihr werdet mich dort finden.* Ein mystischer Satz, der etwas von der Ubiquität (Allgegenwart) Gottes weiß. Auf Deutsch gesagt: Überall kann sich uns die Wirklichkeit Gottes auftun.

Es gibt dazu eine traumhafte Geschichte in der hebräischen Bibel, im 1. Buch Mose im 28. Kapitel: Ein Mann ist auf der Flucht vor seinem Bruder, der ihm wegen eines bösen Betruges Rache geschworen hat. Auf freiem Feld übernachtet er, irgendwo im Nirgendwo. Gebettet an einen Stein, schläft er. Doch er wird nicht von Albträumen geplagt. Vielmehr kommt ein lichter Traum. Er sieht eine Himmelsleiter. Engel steigen daran auf und nieder. Und oben ist Gott und spricht ihm Mut zu. Himmlische Energie durchströmt ihn. Am Morgen ist er betroffen: *Wahrhaftig! Gott ist an dieser Stätte und ich wusste es nicht! Hier ist die Pforte des Himmels.*

Was folgt, kennen wir auch aus anderen Geschichten: Aus einer verborgenen Pforte wird ein sichtbarer Kultort. Jakob, so heißt der Mann, richtet den Stein zum Altar auf und erklärt die Stelle zum heiligen Ort. Er nennt ihn *Bethel*, das heißt »Haus Gottes«. Ein Hinweis darauf, dass der Altar später eingehaust wurde.

Frage 7

Ist **Amen** immer das letzte Wort in der Kirche?

Ein Gebet und auch ein Segen endet mit dem kleinen Wort *Amen*, das kaum zu übersetzen ist. Es meint eine tief von innen kommende Bestätigung, die etwa besagt: Ja, so soll es sein, so kann es sein, so wird es sein. Das Amen in der Kirche ist mehr als ein feierlicher Schlusspunkt. Als Laut hat das Amen etwas Gründendes, Grund Gebendes. Es klingt, gesungen und gesummt, wie ein Mantra, ein den Zugang zum Göttlichen eröffnendes Wort. Es gibt Sprachwissenschaftler, die vermuten, dass es über eine Lautverschiebung aus den fernöstlichen Kulturen in den jüdisch-arabischen Raum *eingewandert* ist. Das »OM« aus dem Buddhismus und Hinduismus und das »Amen« klingen verwandt. Beide Urworte bergen einen Gottesnamen in sich. *Wer sich segnet im Lande, wird sich Segen wünschen vom Gott des AMEN,* so heißt es beim Propheten Jesaja (65,16). Auch im letzten Buch der Bibel trägt Gott diesen Namen: *Dies sagt, der AMEN heißt* (Offenbarung 3,14). Insofern gehört AMEN zu einem der vielen Gottesnamen.

Frage 8

Was versteht
man unter
Apokalypse?

Apokalypse now (1979) ist als Meisterwerk von Francis Ford Coppola in die Filmgeschichte eingegangen. Es basiert auf Joseph Conrads Erzählung *Das Herz der Finsternis* (1899), das in Afrika spielt. Der Film verlegt die Handlung in den Dschungelkrieg in Vietnam. Buch und Film sind Parabeln über die Abgründe der menschlichen Seele – ein Horrortrip und Albtraum.

Im Herbst 2014 veröffentlichte der französische Religionswissenschaftler René Girard ein Buch mit dem Titel *Im Angesicht der Apokalypse*. Die Welt, sagt er, ertrinke in Gewalt. Statt um das Gute zu konkurrieren, konkurriert sie um die Macht. Die dabei entstehende Gewalt kann sie nicht einfach auf Sündenböcke abwälzen. Denn das Christentum habe den Opferkult abgeschafft, mit Jesus als dem letzten Sündenbock. Doch Jesu Friedensgebot verhalle ungehört.

Das letzte Buch der Bibel, die Offenbarung des Johannes, auch Apokalypse genannt, reizt immer wieder zu aktuellen Deutungen, besonders dann, wenn die Zeiten zum Fürchten sind. *Apokalypse* stammt aus dem Griechischen und bedeutet Enthüllung und Aufdeckung. Der Weltuntergang wird beschrieben in blutigen Bildern: Naturkatastrophen, Hungersnöte und Kriege überziehen die Erde mit nicht enden wollenden Strafgerichten. Schreckliche Reiter bringen Verderben über die Menschheit. Ein Drache jagt eine gebärende Frau. Und mittendrin dies: Ein Lamm – den »Sündenbock« Jesus symbolisierend – wird für würdig befunden, ein Buch mit sieben Siegeln zu öffnen. Ein Lamm bezwingt alle mörderischen Mächte.

Wer soll schlau werden aus diesem surrealistisch anmutenden Geschehen? Ein Seher namens Johannes hat diese Visionen auf der Insel Patmos in 22 Kapiteln niedergeschrieben. Es ist um das Jahr 100, der Autor ist ein Überlebender der ersten Christenverfolgungen. Der Schreiber will Mut machen zum Durchhalten.

Die *Offenbarung des Johannes* liefert Stoff für unsere tiefsten Ängste und nährt zugleich die größten Hoffnungen. Sie endet mit einem Hochzeitsbild. Ein himmlisches Jerusalem erscheint. Ein neuer Himmel und eine neue Erde. Und ein Gott, der bei seinen Menschen wohnt und *abwischt alle Tränen, und Leid und Geschrei wird nicht mehr sein* (Offenbarung 21,4).

Frage 9

Was hat **Auferstehung** mit Aufstehen zu tun?

Wir sind Protestleute gegen den Tod. In diesem beherzten Ruf hat Christoph Blumhardt, ein württembergischer evangelischer Theologe und Pfarrer, Anfang des 20. Jahrhunderts einmal das christliche Bekenntnis zusammengefasst. Er wurde zum Slogan auf Ostermärschen, bei denen seit den 60er Jahren des letzten Jahrhunderts Menschen gegen Atomwaffen und Wettrüsten auf die Straßen gehen.

Der Satz aus dem Glaubensbekenntnis: ... *am dritten Tage auferstanden von den Toten* ... kann als Bekräftigung verstanden werden: Über das Grab Jesu ist bis heute kein Gras gewachsen. Und wie Jesus auferstanden ist, so können auch wir uns aus Angst und Niedergeschlagenheit erheben. Marie Luise Kaschnitz dichtete: *Manchmal stehen wir auf / Stehen wir zur Auferstehung auf / Mitten am Tage / Mit unserem lebendigen Haar / Mit unserer atmenden Haut / ... / Geordnet in geheimnisvolle Ordnung / Vorweggenommen in ein Haus aus Licht.* Weil der Auferstandene ihnen vorausgeht (Matthäus 28,7), deshalb machen Menschen bis heute einen Aufstand und lassen sich die Hoffnung nicht begraben, dass das Leben stärker ist als der Tod und Lebensmelodien alle Todesmärsche übertönen.

Und wer's nicht glauben kann? Friedrich der Große sollte einmal einen Pfarrer entlassen, weil dieser an der allgemeinen Auferstehung der Toten Zweifel geäußert hatte. Statt der Unterschrift machte der König die Randbemerkung: *Seyne Sache. Wenn er nicht auferstehen will, so soll er doch Meynetwegen am Jüngsten Tage liegen bleiben.*

Frage 10

Warum **bekreuzigen** sich Christen?

Nicht nur Katholiken tun es, beim Betreten einer Kirche zum Beispiel: Mit den Fingern wird ein Kreuz auf den eigenen Körper gezeichnet. Nach dem Antippen der Stirn wandert die Hand mit einer raschen Bewegung zum Herzen, von dort nach links und rechts. Einem Millionenpublikum ist die Geste vertraut. Viele Fußballspieler betreten die Kampfbahn, das Stadion, mit einer flinken Geste des Bekreuzigens. Was soll das? Alles nur Magie? Steckt hinter dieser Angewohnheit mehr Aberglaube als Glaube?

Man kann es so sehen: Wer sich bekreuzigt, konzentriert sich, will zur eigenen Mitte finden. Wer sich die Linie zwischen Himmel und Erde auf den Leib malt und zugleich die von links nach rechts, von Horizont zu Horizont, macht sich bewusst: Ich bin ausgespannt und eingebunden, vertikal zwischen Irdischem und Himmlischem, horizontal mit der ganzen Schöpfung und mit allen Menschen. Wer sich dieses Zeichen auf den Leib setzt, mittelt sich und stellt sich ins Zentrum eines Kräftefeldes. Wer sich bekreuzigt, will den Himmel erden und sich selber »himmeln«. Der Himmel soll einem unter die Arme greifen und die Hände stärken zu solidarischem Tun.

Sich bekreuzigen ist eine stille Gebetsgebärde, die natürlich auch an Jesus erinnert. Martin Luther empfiehlt sie zum Tagesbeginn und -ausklang. Sie könnte ohne Worte die Bitte ausdrücken: *Gott stärke mir das Kreuz.* Oder auch: *Hilf mir mein Kreuz tragen.* Meinen Verstand (deshalb Berührung des Kopfes), mein Fühlen (Bewegung zum Herzen) und mein Tun (die Doppelbewegung Richtung Arme) will ich ins Kräftefeld des Kreuzes stellen. Möge es im Einklang sein mit der Christuskraft (die im Kreuz symbolisiert ist).

Frage 11

Kann man mit der **Bergpredigt** Politik machen?

Matthäus fasst die Lehre Jesu in einer »Bergrede« in drei Kapiteln (Matthäus 5-7) zusammen. Die Texte, gleichsam die Magna Charta christlicher Ethik, nennt man auch Bergpredigt, weil Jesus darin an die zehn Gebote, die Moses auf einem Berg empfing, anknüpft und diese zugleich radikalisiert. Jesus sagt am Schluss: *Wer meine Worte hört und nicht tut, baut auf Sand, wer aber danach handelt, gleicht einem Mann, der sein Haus auf den Felsen baut.*

Gilt das nur für den einzelnen? Oder kann man die Regeln Jesu auch verantwortungsvoll in Politik umsetzen? Darüber wird bis heute gestritten. Manche unterscheiden dabei gern zwischen Gesinnungs- und Verantwortungsethik. In diesem Buch werden entsprechende Themen der Bergpredigt an anderer Stelle erörtert *(Feindesliebe, Pazifismus, Seligpreisungen, Vaterunser, Goldene Regel).*

Hier sei nur eine oft zitierte, scheinbar völlig überzogene Forderung Jesus beispielhaft betrachtet: *Wenn dir jemand einen Streich gibt auf die rechte Backe, dann biete die andere auch dar.* (Matthäus 5,39) Das heißt keinesfalls, dass man jede Demütigung widerspruchslos einstecken soll. Sondern Jesus plädiert für einen überraschenden dritten Weg jenseits unserer Reflexe von Gegenaggression und Flucht.

Wie das aussehen kann, zeigt Jesus beim Verhör nach seiner Verhaftung. Ein Tempeldiener schlägt ihn ins Gesicht mit den Worten: *Antwortest du so dem Hohenpriester?* Und was tut Jesus? Er bietet tatsächlich die andere Wange dar, indem er einen Schritt auf den verblüfften Täter zugeht und ihm ins Gesicht sagt: *Habe ich übel geredet, so beweise, dass es böse war! Habe ich aber recht geredet, was schlägst du mich?* Und was passiert? Anscheinend ist der Satz Jesu so entwaffnend, dass seinem Gegenüber nichts mehr einfällt. Das Verhör endet mit Jesu Frage. Nachzulesen bei Johannes im 18. Kapitel.

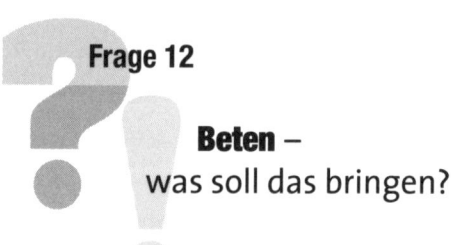

Frage 12

Beten –
was soll das bringen?

Beten »bringt« vordergründig nichts, aber es verändert – zunächst den Betenden selber. Es entkrampft, löst aus Angst, Selbstverknotung, lockert den Griff ums eigene Ego. Wenn man nicht weiterweiß, dann sagt man manchmal: Jetzt hilft nur noch beten. Beten heißt: Wir rufen uns hinein in einen größeren Raum. Oder umgekehrt: Wir rufen Gott in unsere kleine, erschrockene Existenz. Wenn wir außer uns sind – vor Entsetzen oder vor Entzücken –, dann kommt uns Gott, ganz spontan, ob wir an ihn glauben oder nicht. Ein erleichtertes »Gott sei Dank!« oder ein erschrockenes »O Gott!« – beides sind Stoßgebete aus der Mitte unserer Existenz. Vielleicht verrät uns unser Unterbewusstsein auf diese Weise etwas über uns selber: Wir sind, auch wenn wir uns jedem Glauben entwunden haben, immer verbunden, zumindest auf ein größeres DU bezogen.

Beten kann kein Ersatz für Handeln sein. Dann würden wir fliehen vor unserer Verantwortung. Doch Handeln allein kann blind und ziellos sein. Beten heißt nach Antworten suchen für verANTWORTliches Tun. Wer wie Jesus betet *Nicht mein, sondern dein Wille geschehe* (Lukas 22,43) ist bereit, sich korrigieren zu lassen in der eigenen Sicht der Dinge. Deshalb ist Beten eine besondere Form von »Bildungsarbeit«. Mit Lothar Zenetti gesagt: *Wenn du beten willst / so geh in dein Kämmerlein / dein Dunkelkämmerlein / und entwickle das Bild / das Gott sich / von dir gemacht hat.* Wer in sich geht, um sich und die Welt ins Gebet zu nehmen, hat die Chance, mit mehr Klarheit aus sich herauszukommen.

Warum heißt die **Bibel** auch »das Buch der Bücher«?

Sie trägt den Namen *Buch der Bücher* nicht nur wegen der alle Bestseller schlagenden weltweiten Auflagen. Oder weil sie das erste gedruckte Buch der Welt ist. Oder in die meisten, d. h. über 2000 Sprachen übersetzt wurde und noch wird. Sondern auch, weil sich hinter den Buchdeckeln über 60 Einzeltitel und unzählige ineinander verwobene Schriftquellen verbergen. Und damit sehr verschiedene Blickwinkel. Mancher Bibelleser kapituliert schon auf der zweiten Seite an den offensichtlichen Ungereimtheiten und fragt sich: Ist die Bibel nicht voller Widersprüche? Wie kann es im ersten Kapitel heißen, dass Gott erst die Tiere schuf und dann den Menschen – und gleich im zweiten Kapitel wird die umgekehrte Reihenfolge behauptet? Antwort: Hier stoßen zwei verschiedene Schöpfungsberichte aus zwei verschiedenen Zeitepochen aufeinander. Jeder Bericht hat seine eigene Wahrheit. Und beide ergänzen sich. Es ist wie im wirklichen Leben: Da gibt es auch verschiedene Sichtweisen eines Sachverhalts – und jeder Blickwinkel eröffnet neue Einsichten.

Die Bibel erschließt sich jedem anders – es kommt oft auf die Lebenssituation an, in der man sie liest. Es kann passieren, dass einen einzelne Texte oder Verse direkt ansprechen. Im Judentum spricht man vom schwarzen und weißen Feuer der Schrift. Das Schwarze, Wortwörtliche, also die Buchstaben allein sind tot. Ihre Kraft wird erst dann entzündet, wenn sich »zwischen den Zeilen« etwas ereignet, wenn also dem Leser etwas »kommt« bei der Lektüre – an Fragen, an Einfällen, an eigenen Interpretationen.

Als der junge Bertolt Brecht einst nach dem stärksten literarischen Eindruck der Saison gefragt wurde, gab er die für viele verblüffende Antwort: *Sie werden lachen: die Bibel.*

Frage 14

Was sollte man über die **Bibel** unbedingt wissen?

In diesem »Buch der Bücher« finden sich die heiligen Schriften zweier sehr verwandter Religionen. Drei Viertel der ungefähr 2000 Seiten sind hebräisch geschrieben und bis heute die Bibel der Juden. Jesus kannte und zitierte sie immer wieder. Die Christen haben sie das *Alte Testament* genannt. Im Grunde ist das herabsetzend. Denn der christliche Glaube zieht seine Energie aus diesen gemeinsamen Wurzeln. Statt vom Alten sollte man daher lieber vom ersten Testament oder schlicht von der *hebräischen Bibel* sprechen. In diesen Schriften aus dem vorchristlichen Jahrtausend überlagern sich viele Schichten. Geschichtsbücher, poetische Schriften, Sprichwörter, Fabeln, prophetische Reden – alles gibt es darin, was die Weltliteratur zu bieten hat an Stilmitteln und Stilrichtungen. Oft muss man sich wundern oder ist entsetzt, wie profan und brutal es in den ursprünglich in einzelnen Schriftrollen überlieferten Texten mitunter zugeht.

Das speziell christliche Dokument in der Bibel – das *Neue Testament* – ist ebenfalls eine Schriftensammlung, bestehend aus vier Evangelien, einem Dokument über die ersten christlichen Gemeinden (Apostelgeschichte), zahlreichen Briefen an die frühesten Gemeinden und einem prophetischen, visionären Schlussstück – der Offenbarung, im wahrsten Sinne des Wortes ein Buch mit sieben Siegeln, da sehr verschlüsselt geschrieben. Die griechisch verfassten Texte entstanden in der zweiten Hälfte des 1. Jahrhunderts, also ca. 20 bis 70 Jahre nach Jesu Tod, den man um das Jahr 30 datiert. Die Jesus-Biografien von Markus, Matthäus, Lukas und Johannes (die sich nicht kannten, aber teilweise voneinander »abgeschrieben« haben), sind nicht einfach Tatsachenberichte, sondern Deutungsversuche, Versuche zu verstehen und weiterzuüberliefern, wie der Gekreuzigte weiterlebt und -wirkt.

Man kann die Bibel – wie das gleichnamige Buch von Michael Ende – als »unendliche Geschichte« lesen: Manchmal macht es Klick und man fühlt sich angesprochen, angefasst, ergriffen, der eigene Lebensfaden verwebt sich mit den alten Texten, man wird Teil von etwas Größerem.

Frage 15

Wozu soll
Buße
gut sein?

Bei Buße denken viele an Strafe: Bußgeld, Verkehrs-
sünderkartei oder persönliche Rachegelüste: Das wirst du
büßen! Ansonsten ist das Wort aus der Mode gekommen.
1994 wurde es mit der Abschaffung des Buß- und Bettag-
ges als gesetzlichem Feiertag gleichsam aus dem Verkehr
gezogen.

Die Bibel erzählt im Buch Jona, wie eine ganze Stadt
angesichts sich abzeichnender Katastrophen Buße tut.
Selbst der König steigt vom Thron, legt seinen Purpur ab,
hüllt sich in einen Sack, setzt sich in die Asche, ruft ein
Fasten aus und fordert, *ein jeder bekehre sich von seinem
bösen Wege.* Das könnte eine interessante Idee auch für
heute sein: Den Buß- und Bettag als nationalen Tag der
Neubesinnung zu gestalten mit Gesprächsforen und Zu-
kunftswerkstätten.

Zugegeben: Büßen klingt düster. Doch es will Türen
aufstoßen für Neues. Das Wort steht im ersten Satz, den
Jesus in der Öffentlichkeit spricht: *Tut Buße und glaubt
an das Evangelium!* (Markus 1,15). Was folgt: Menschen
treten heraus aus ihrer bisherigen Lebensspur. Niemand
ist Gefangener seiner Lebensumstände, niemand nur Opfer seiner sozialen Umgebung. Jeder kann die Initiative
ergreifen zum Umdenken und Neuanfangen. Buße ist die

Chance, sich aus Verkrustetem zu lösen und *Das Recht, ein anderer zu werden* (Dorothee Sölle). Man sollte das Wort Buße lieber von seiner griechischen Urbedeutung verstehen: *Metanoiete* heißt *umkehren, seinen Sinn ändern.*

Frage 16

Wozu verhilft das **Christentum**?

Vielleicht verleiht es Spannkraft zwischen innen und außen, eine gute Balance zwischen Himmel und Erde.

Das Christentum behauptet, dass wir nicht nur von dieser Welt sind. Sondern in uns ein Aufbruchimpuls ist, als gäbe es ein Epizentrum außerhalb von uns, das uns zugleich anzieht und verstört. *Unruhig ist mein Herz, bis es Ruhe findet in dir*, notierte Augustinus in seinen *Konfessionen* um das Jahr 400. Religiöse Texte sind Ausdruck dieser Sehnsucht nach dem ganz Anderen. Ist da ein Gott, der uns sieht und ruft?

Das höchste Gebot des Judentums (*Sche'ma* = Höre, Israel, 5. Mose 6,4) gilt auch für Christen: Im Hören und im Horchen, nicht so sehr im Gehorchen, wird Gott vernehmbar. Vom Propheten Elia wird erzählt (1. Könige 19): Gott offenbart sich ihm wider Erwarten nicht im Donnerwetter, sondern in der *Stimme eines verschwebenden Schweigens* (so Martin Bubers Übersetzung).

Das Christentum propagiert kein spirituelles Bypassing. Es lädt nicht ein, an der Welt vorbei zur göttlichen Erleuchtung zu kommen. Sondern sagt, man begegne Gott auf den Straßen dieser Welt, vornehmlich – wie Jesus in einem Gleichnis sagt – *in den geringsten seiner Brüder und Schwestern* (Matthäus 25,40).

Eine gute Balance zwischen Himmelsanbindung und Weltverantwortung fand der Mönchsorden der Benediktiner in der nüchternen und unaufgeregten Formel *Beten und Arbeiten, ora et labora.* Dietrich Bonhoeffer – ein Widerstandskämpfer, den die Nazis noch in den letzten Kriegstagen hingerichtet haben – variierte dieses Leitwort zu *Beten und Tun des Gerechten* und spitzte es politisch zu in dem leidenschaftlichen Appell: *Nur wer für die Juden schreit, darf auch gregorianisch singen.* In dieser Spannung zwischen Gotteslob und Weltverantwortung steht christliche Existenz wohl immer.

Bernice King, die Tochter des ermordeten Bürgerrechtlers Martin Luther King, hat die spannungsgeladene und doch heilsame Rolle des Christentums in unserer Zeit einmal so auf den Punkt gebracht: *Disturbing the comfortable – Comforting the disturbed,* also die Bequemen stören und die Verstörten trösten.

Frage 17

Ist
Christus
der Nachname von Jesus?

Jesu Nachname ist unbekannt. Er galt als der Sohn des Zimmermanns und er kam aus Nazareth. *Der Nazarener* wurde der Wanderprediger später genannt. Noch am Kreuz stand geschrieben, aus welcher Stadt Galiläas er stammte. Denn Jesus allein war ein Allerweltsname, Jeschua bedeutet so viel wie *Gott hilft*. Der vermeintliche Nachname ist später verliehener Titel. Einer von vielen. Im christlichen Glaubensbekenntnis stehen noch gleich drei weitere: *Sohn Gottes, HERR* (auf griechisch *kyrios* – so durfte nur der weltliche Herrscher angeredet werden. Jeder Kyrie-Ruf im Gottesdienst hat somit von Anfang an einen herrschaftskritischen Unterton). Und schließlich der *Weltenrichter* (... *von dort wird er kommen zu richten* ...).

Als die Anhänger Jesu daran gingen, ihm das Attribut des *Christus* zu geben, begaben sie sich auf Distanz, ja in Widerspruch zum Judentum, der Religion Jesu. Denn *Christus* ist nichts anderes als das griechische Wort des hebräischen *Messias*. Auf den Messias, den *Gesalbten Gottes*, aber warten die Juden bis heute. In Jesus vermögen sie bestenfalls den Bruder, aber niemals den Messias zu erkennen.

Dass Jesus sich selbst als den Christus bezeichnete, ist eher unwahrscheinlich. Es gibt eine Situation, wo Jesus sogar die Anrede *guter Meister* zurückweist mit dem Hinweis, dass nur Gott gut sei (Markus 10,17). Doch die Anrede *Rabbi*, also Lehrer, lässt er sich gefallen. Möglich ist auch, dass er sich selber gelegentlich als *Menschensohn* bezeichnete.

Wir müssen uns also heute, wie die Menschen früher, unseren eigenen Reim auf diesen Mann aus Nazareth machen. Mir gefällt die Formulierung aus dem Hebräerbrief, wo Jesus genannt wird *der Anfänger und Vollender des Glaubens* (12,2).

Frage 18

Wie kann man sich **Dreifaltigkeit** vorstellen?

In einer biografischen Notiz bekennt ein Schriftsteller, dass er bei der christlichen Lehre von der Dreifaltigkeit Gottes immer an die drei Falten auf der Stirn seiner Großmutter denken musste, deren Augen zugleich gütig wie besorgt auf dem Enkel ruhten. Vielleicht sagt das mehr über die Wahrheit Gottes aus als manche steile theologische Konstruktion.

Das Christentum ist wie das Judentum und der Islam eine monotheistische, also an *einen* Gott glaubende Religion. Wie verträgt sich das mit der Trinitätslehre, also der Vorstellung der Dreieinigkeit bzw. Dreifaltigkeit Gottes? Sie ist ein Versuch, die Erscheinungsweisen Gottes irgendwie auf einen Begriff zu bringen – was natürlich nicht funktioniert. Denn Gott lässt sich nicht *definieren,* und man sollte sich kein Bild von Gott machen, wie es im Zweiten Gebot heißt.

Für mich geht es bei Dreifaltigkeit darum, Gott nicht als ewiges, in sich selbst ruhendes SEIN zu verstehen, sondern als »gesellige Gottheit« (Kurt Marti), energetisch und kommunikativ. Als Kraft, die aus sich herauskommt, die außer sich ist, die sich vermittelt und mitteilt. Gott kommuniziert, fließt gleichsam über in Menschen hinein. Christlich gesprochen heißt das: Gott wird SOHN, er begegnet uns auf Augenhöhe. In Jesus CHRISTUS bekommt er ein menschliches Antlitz. Und manchmal, in geistesgegenwärtigen Augenblicken, springt der Funke Gottes über – dann erlebt man Gottes Atem in sich, spürt göttliche Gegenwart, ist erfüllt vom Heiligen GEIST.

Mit *Ostern* bekommt Jesus gleichsam Gottes-Status, an *Pfingsten* zeigt Gott ein drittes Gesicht: Er offenbart sich als Geist, der die Menschen mit heiliger Geistesgegenwart erfüllt. Der Sonntag nach dem Pfingstfest heißt *Trinitatis* und ist dem Versuch gewidmet, diese wundersame christliche Gleichung von der Drei-Einigkeit, nämlich das 3=1 und 1=3 ist, verstehbar zu machen.

Welche
Eigenschaften
zeichnen einen Christen aus?

Ein Christ ist *absolutely fearless, immensily happy and always in trouble.* Mir gefällt diese Definition, die zugleich eine Provokation ist. Sie stammt von den Quäkern, einer zugleich mystischen wie friedenspolitisch aktiven Freikirche. Sie passt so wenig zum Bild des normalen Gottesdienstbesuchers. Hierzulande wirken Christenmenschen auf viele Zeitgenossen eher furchtsam, freudlos und konfliktscheu. Doch *absolut furchtlos, unglaublich glücklich und immer in Schwierigkeiten* – wie passt das zusammen? Und kann man überhaupt alle drei Tugenden gleichzeitig verkörpern? Wahrscheinlich wird christlicher Glaube da lebendig erfahrbar, wo er sich an der Welt und all dem, was zum Himmel schreit, reibt. Und sich nicht versteckt, sondern die Stirn zeigt. Doch woher kommt die Furchtlosigkeit, sich so auf das Leben einzulassen? *Hab ich das Haupt zum Freunde und bin geliebt bei Gott, was kann mir tun der Feinde und Widersacher Rott'?*, so heißt es in einem trotzig-unerschrockenen Gesangbuchvers. Wer erfüllt ist von einem solchen Urvertrauen, der hat vermutlich ein gesundes »Immunsystem«, also Widerstandskraft genug, um nicht gleich umzufallen oder abzutauchen, wenn Gegenwind kommt. *Wie glücklich ist der Mensch, der sich auf Gott verlässt*, heißt es fast wortgleich im 1. Psalm und bei

Jeremia (17,7-8): *Wie ein Baum ist er, tief wurzelnd, an Wasser gepflanzt und voller Grünkraft.*

Frage 20

Kann man **Engeln** auf die Spur kommen?

Eher umgekehrt – sie spüren uns auf, sie kreuzen unsere Lebensspuren. In der Bibel wird viele Dutzend Male von Engeln berichtet. Keineswegs ist da immer von Schutzengeln die Rede, von deren Nähe der Beter des 91. Psalms so erfüllt ist: *Er hat seinen Engeln befohlen, dass sie dich behüten auf allen deinen Wegen, dass sie dich auf den Händen tragen und du deinen Fuß nicht an einen Stein stoßest.*

Engel können sich querstellen wie bei Bileam (4. Mose 22-24). Als Cherubim versperren sie den Rückweg ins Paradies (1. Mose 3,24). Sie tauchen auf als Würgeengel in Ägypten, sie verbreiten Schrecken in der *Apokalypse*, im letzten Buch der Bibel. Doch sie töten nicht nur, sie fallen auch dem potenziellen Täter in den Arm und verhindern die Bluttat, etwa als Abraham im Begriff ist, seinen Sohn Isaak zu opfern (1. Mose 22).

Besonders engelreich scheinen Lebensübergänge zu sein. An der Grenze zwischen Leben und Tod tauchen sie auf, sie künden Geburten an – nicht nur zur Weihnachtszeit –, sie sprechen vom Toten, der lebendig ist – nach Jesu Auferweckung.

Das hebräische *malach* für Engel kann man mit *die Schattenseite Gottes* übersetzen. Ist Gott im Begriff, aus dem Schatten zu treten an den äußersten Krisenpunkten unseres Lebens? Engel im Lateinischen ist »angelus«, wörtlich übersetzt der »Bote«. Kennen wir nicht Botenstoffe, Transmitter aus dem medizinischen Bereich? Wenn schon unser Körper solche geheimnisvollen feinstofflichen Informanten einsetzt, warum sollte sich nicht auch Gott ihrer bedienen?

Kinder, so scheint es, haben eine besondere Nähe und ein besonderes Gespür für Engel. Vielleicht können wir, wenn wir werden wie die Kinder, wozu Jesus die Erwachsenen auffordert, aufmerksamer werden für ihre heimelig-unheimliche Nähe. Wer kennt nicht das Gefühl, dass eben ein Engel durch den Raum ging?

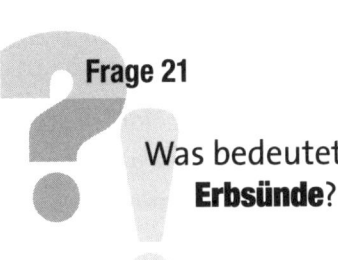

Frage 21

Was bedeutet
Erbsünde?

Wir erben ja alles Mögliche, ob gewollt oder ungewollt. Man kann Häuser erben – und Krankheiten. Doch Sünden? Sicher kann sich die Schuld der Väter bzw. der Mütter an der folgenden Generation rächen: Wer dem Alkohol oder der Nikotinsucht verfällt, gefährdet die Gesundheit seiner Kinder. Auch in der Psychotherapie weiß man, dass verdrängte und traumatisierende Erfahrungen über Generationen unbewusst weitergereicht werden. Doch braucht es für diesen Zusammenhang ein so dramatisches Wort wie Erbsünde?

Wer das Wort googelt oder in einer Konkordanz nachschlägt, stellt vielleicht erstaunt fest, dass es nicht in der Bibel steht. Es wurde erst im Mittelalter erfunden. *Erbe* hat in der Bibel eher einen positiven Klang: *Wir sind Erben Gottes und Miterben Christi*, sagt der Apostel Paulus (Römerbrief 8,17). Allerdings sagt Paulus im gleichen Brief auch, dass durch die Sünde *eines* Menschen, nämlich durch Adam, die Verdammnis über alle Menschen gekommen sei (Kapitel 5). Da haben wir sie also doch, die Erbsünde.

Recht verstanden kann die Lehre von der Erbsünde auch eine erhellende Seite haben. G. K. Chesterton sagt es (1908) auf erfrischende Weise: *Das Christentum predigt eine gar nicht verlockende Idee wie die Erbsünde; schauen wir jedoch nach, was aus ihr folgt, so sind es Mitleiden und Brudersinn und markerschütterndes Lachen und Erbarmen; denn nur dank der Erbsünde können wir gleichermaßen Mitleid mit dem Bettler und Misstrauen gegen den König empfinden.*

Frage 22

Wie steht es um den
Eros
im christlichen Glauben?

Kurt Marti, der Schweizer Pfarrer und Dichter, hat dazu in »Zärtlichkeit und Schmerz« (1981) notiert:

Religion und Erotik: ein wildes, doch unzertrennliches Paar. Wie heftig sie miteinander streiten, sich gegenseitig beschimpfen, verwünschen, verfluchen mögen, keine hält es lang ohne die andere aus. Stirbt die Religion, so magert die Erotik zum Skelett, d.h. zum bloßen Sex, ab. Stirbt die Erotik, so verdorrt Religion zur abstrakten Metaphysik (wie früher) oder zur trockenen Ethik (wie heute).

In der Bibel findet sich im »Hohelied Salomo« eine hinreißend sinnliche Liebesgeschichte: *Er küsse mich mit dem Kusse seines Mundes; denn deine Liebe ist lieblicher als Wein. ... Ich bin krank vor Liebe. Seine Linke liegt unter meinem Haupte, und seine Rechte herzt mich.* Gegen Ende dieser acht Kapitel, in denen es um eine stürmische Affäre geht und explizit über Sex und erotisches Verlangen gesprochen wird, findet sich das Resümee: *Liebe ist stark wie der Tod und Leidenschaft unwiderstehlich wie das Totenreich. Ihre Glut ist feurig und eine Flamme des HERRN, so dass auch viele Wasser die Liebe nicht auslöschen und Ströme sie nicht ertränken können.*

Diese Flamme des HERRN zu verdammen oder gar abzutöten war lange kirchliche Doktrin, die in die Irre führt und manchmal in den Missbrauch. Sie zu gestalten – das ist die Herausforderung. Ich bin überzeugt: Ohne Eros bleibt all unsere Arbeit buchstäblich vergebliche Liebesmüh – ob eine Predigt, eine Schulstunde oder ein Krankenbesuch, ob das Bepflanzen eines Beetes oder das Bereiten einer Speise. Hätte ich die Liebe nicht, so wären mein Reden, mein Glauben, mein Einsatz für Gerechtigkeit nutzlos, tot und ohne Sinn – so sagt es Paulus in seiner Hymne auf die Liebe (1. Korintherbrief 13).

Frage 23

Was heißt Evangelium?

Im Wort *Evangelium* steckt der Engel, englisch *angel*, lateinisch *angelus*. Wörtlich heißt das griechische Wort *Euangelion* einfach: gute Nachricht, frohe Botschaft. Vom Kirchgang am Heiligabend haben viele das Engelwort im Ohr, den Satz aus der Weihnachtsgeschichte des Lukas: *Fürchtet euch nicht! Siehe, ich verkündige euch große Freude, die allem Volk widerfahren wird; denn euch ist heute der Heiland geboren, welcher ist Christus, der Herr, in der Stadt Davids* (Lukas 2).

Die Ankündigung einer Geburt ist zumeist eine gute Nachricht. Die jüdische Philosophin Hannah Arendt beschreibt ihre Faszination über dieses besondere Moment im Christentum. Und entwickelt daraus den Gedanken der Natalität: Als Geburtliche sollten wir uns in erster Linie verstehen, nicht als Sterbliche. Jede Geburt erinnert uns an einen Anfang, an ein initium. Und diese Anfangenskraft steckt ein Leben lang in uns. Und will uns anstiften, die Initiative zu ergreifen.

Dieser frische Geist wohnt wohl auch dem ersten Statement inne, mit dem der erwachsene Jesus an die Öffentlichkeit tritt: *Die Zeit ist erfüllt, und das Reich Gottes ist herbeigekommen. Kehrt um und glaubt an das Evangelium.*

Frage 24

Hatte Jesus eine Familie?

Das älteste Evangelium teilt mit, dass Jesus mindestens sechs Geschwister hatte (Markus 6,3). Die Namen seiner Schwestern erfahren wir nicht, die der vier Brüder sind: Jakobus, Joses, Judas und Simon. Sein Vater Josef findet, im Gegensatz zu seiner Mutter Maria, kaum Erwähnung. Im Johannesevangelium wird Jesus ohne Umschweife als Sohn Josefs bezeichnet (1,45). Bei Lukas und Matthäus dagegen will sich Josef, der Verlobte Marias, vor der Geburt heimlich davonstehlen, weil er nicht der Vater ist. Jesu

Beziehung zu seiner Familie ist angespannt. Es gibt krasse Szenen gegenseitiger Distanzierung. Mal erklärt seine Familie ihn für verrückt und will ihn mit Gewalt aus dem Verkehr ziehen (Markus 3,21). Ein andermal, als Jesus auf einer Versammlung redet, kommen seine Mutter und seine Brüder und bitten um ein Gespräch. Doch er lässt sie nicht nur draußen warten, sondern brüskiert sie mit den Worten: *Wer ist meine Mutter und wer sind meine Brüder?*, um – auf seine Freunde zeigend – selber zu antworten: *Das sind meine Mutter und meine Brüder. Denn wer den Willen meines Vaters im Himmel tut, der ist für mich Bruder und Schwester und Mutter.* (Matthäus 12,46ff.)

Die Stimmung in seiner Heimatstadt Nazareth war offensichtlich gegen ihn. Infolgedessen konnte Jesus dort *nicht eine einzige Tat tun* (Markus 6,1-6). – Von seiner Gefolgschaft fordert Jesus rigorose Trennung von den eigenen Familienbanden: Wer Vater und Mutter, Frau und Kinder, Brüder und Schwestern nicht hasst, kann sein Jünger nicht sein (Lukas 14,26). Und entsprechend verhalten sich viele seiner Anhänger: Sie verlassen ihre Großfamilien und teilen Jesu haus- und besitzloses Wanderleben.

Offensichtlich gibt es für Jesus Wichtigeres als die Familie, mehr noch: Diese scheint eher ein Hindernis zu sein, um dem Weg der eigenen Berufung zu folgen.

Gehört
Fasten
zu den christlichen
Frömmigkeitsübungen?

Nicht unbedingt.

Und überhaupt, was heißt schon Frömmigkeit: *Wenn du fromm bist, so kannst du frei den Blick erheben. Bist du aber nicht fromm, so lauert die Sünde vor der Tür* (1. Mose 4, 7 Luther-Übersetzung), so heißt es, als sich der erste tödlich endende Konflikt zwischen zwei Brüdern aufbaut. Frommsein hat mit Blickkontakt zu tun und ist somit etwas sehr Weltzugewandtes, Fasten dagegen eine zumindest vorübergehende Abwendung von der Welt.

Der Prophet Jesaja kritisiert ein Fasten, bei dem man den Kopf hängen lässt und sich kasteit. Für ihn bedeutet Fasten, sich für Hungrige, Obdachlose und Entrechtete zu engagieren (Jesaja 58).

Jesus hält nicht übermäßig viel vom Fasten. Doch er lehnt es nicht ab. Jedes Ding hat eben seine Zeit. Doch wenn man fastet, soll man keine fromme Schau daraus machen. Tue es nicht mit Zerknirschung, sondern gestalte es wie ein Fest und mache dich schön dabei – so Jesu Empfehlung (Matthäus 6,17).

Dass Fasten Sinn macht, wird auch in der evangelischen Kirche immer mehr erkannt. Die traditionellen Fastenzeiten in der Passionszeit vor Ostern und in der Adventszeit vor Weihnachten werden neu gestaltet als heilsame Einkehrzeiten. *Sieben Wochen ohne* ist zu einer bundesweiten Aktion geworden, die auch bei Nichtchristen Anklang findet. In Zeiten totaler Reizüberflutung und Überfütterung ist es Balsam für Leib und Seele, mal Pause zu machen, sich und seine Gewohnheiten zu unterbrechen, sich zu besinnen und wieder neu zu Sinnen zu kommen. Wer aufhört, beginnt so wieder neu zu hören. Wer aufhört, lernt wieder neu zu schmecken, zu fühlen, zu sehen. Fasten reinigt, entschlackt nicht nur den Körper, sondern macht auch die Seele hellhöriger.

Ernesto Cardenal, Priester, Dichter und zeitweise auch Politiker aus Nicaragua, hat notiert: *Immer wenn der moderne Mensch kurz vor der Erkenntnis Gottes ist, schaltet er den Fernseher an.* Wer fastet, lässt also den Fernseher aus.

Frage 26

Ist
Feindesliebe
nicht völlig utopisch?

Utopisch heißt nirgendwo, Utopie ist ein Nicht-Ort. Und doch ist Feindesliebe notwendig. Ohne Wenn und Aber sagt Jesus, dass Nächstenliebe nicht reicht. Vielmehr fordert er: *Liebet eure Feinde! Segnet, die euch fluchen! Tut wohl denen, die euch hassen!* (Matthäus 5,44).

Der Schriftsteller Erich Fried argumentierte so: *Wer denkt, dass die Feindesliebe unpraktisch ist, der bedenkt nicht die praktischen Folgen der Folgen des Feindeshasses.*

Doch auch wenn wir wissen um die Folgen des Feindeshasses und die endlose Spirale der Gewalt, die es zu durchbrechen gilt: Wie macht man das, seine Feinde zu lieben? Welches Maß an Selbstverleugnung wird einem damit abverlangt?

Jesus selbst gibt in der Bergpredigt ein interessantes Beispiel einer intelligenten und gewitzten Feindesliebe: *Wenn dich jemand nötigt eine Meile, so gehe mit ihm zwei.* (Matthäus 5,41) Dazu muss man wissen: Israel war damals von den Römern besetztes Land. Und ein Jude war zu bestimmten Diensten verpflichtet, wobei das Maß an Repression deutlich begrenzt war und Willkürakte nicht erlaubt waren. So durfte ein römischer Soldat einen jüdischen Bürger nötigen, ihm eine Meile als Gepäckträger zu Diensten zu sein. Da die Straßen von den Römern mit Wegmarken gekennzeichnet waren, war klar, was nach einer Meile geschah: Der unfreiwillige Träger war froh, seine Last abwerfen zu dürfen. Wer freiwillig weiter den verhassten Besatzungssoldaten begleitete, war dumm – oder übte sich in *Entfeindungsliebe* (Pinchas Lapide). Tu etwas Entwaffnendes! Überrasche deinen Feind mit einer Geste der Zuvorkommenheit und Freundlichkeit, die er nicht erwartet und die ihm die Chance eröffnet, umzudenken. Das scheint Jesus zu empfehlen. Nicht wegducken, sondern im Anderen mehr sehen als den Feind, ihm mit aufrechtem Gang als Mitmensch begegnen.

Wieso ist der **Fisch** ein christliches Symbol?

Manchmal sieht man einen Fisch im Straßenverkehr, als Aufkleber auf einem Auto. Hier outet sich kein Angler oder jemand mit besonderen kulinarischen Vorlieben. Sondern da teilt einer mit, wes Geistes Kind er sein will. Neben dem Kreuz hat sich das Fischsymbol als christliches Erkennungszeichen etabliert. Man könnte nun weiterraten und assoziieren: Weil die ersten Jünger Jesu Fischer waren? Und Petrus zum Menschenfischer berufen wurde? Tat Jesus nicht Fischwunder? Erschien er nicht seinen Jüngern nach der Auferstehung am Ufer des Sees und bereitete auf einem Kohlenfeuer Fisch zu? Alles richtig. Doch der Fisch wurde schon in frühen christlichen Zeiten aus einem anderen Grund als Geheimzeichen gehandelt. Er ist die Abkürzung eines alten Glaubensbekenntnisses. Die Anfangsbuchstaben der griechischen Worte *Iesous Christos Theou Hyos Soter = Jesus Christus Gottes Sohn Retter* ergeben das Wort *Ichthys*. Und dieses griechische Wort bedeutet *Fisch.* – Noch eine biblische Assoziation ist sinnfällig: Jesus verglich sein Schicksal einmal mit dem des Propheten Jona. So wie dieser drei Tage und drei Nächte im Bauch des Fisches war, so werde der Menschensohn drei Tage und drei Nächte im Schoß der Erde sein (Matthäus 12,40).

Frage 28

Hat Gott
Fragen an uns?

Das macht den Menschen aus: er ist fragwürdig. Er ist würdig, dass man ihn fragt nach dem Sinn und Zweck seines Tuns. In der Bibel provoziert Gott den Menschen, damit er antworten und Stellung beziehen möge. Wörtlich heißt provozieren: herausrufen. Gott ruft den Menschen heraus aus der Deckung. Schon im Paradies beginnt ein Versteckspiel. Doch zur Menschwerdung gehört anscheinend, dass man sich zeigt. Und so trifft Adam die erste existenzielle Frage, die einen ein Leben lang umtreiben kann: W*o bist du?* (1. Mose 3,9)

Die zweite Frage geht an einen Menschen, der Gefahr läuft, sich im Zorn zu vergessen: *Warum entgleitet dir dein Gesicht? Warum senkt sich dein Blick? Was braut sich in dir zusammen?* (1. Mose 4,6)

Auch die dritte Frage begleitet uns wohl lebenslang: *Wo ist dein Bruder?* (1. Mose 4,9). Denn nie lässt uns die Frage nach der Solidarität mit unserem Mitmenschen los.

Ein Prophet, der sich in seinem Eifer verrannt hat und auf der Flucht ist, wird von Gott gestoppt und zur Rede gestellt: *Was machst du hier?* (1. Könige 19,9)

Die Beispiele zeigen: An kritischen Punkten unseres Lebens ist Gott weniger Antwort als vielmehr Frage. Und: Gottes Fragen sind Gewissensfragen. Das englische Wort für Gewissen heißt *conscience*, das heißt wörtlich *Mit-wissen*. Wer oder was läuft denn da ständig in mir mit als heimliches, mich manchmal quälendes, manchmal wach-rüttelndes, manchmal tröstendes Mitwissen? Wer oder was weiß mich denn mit?

Frage 29

Wie war die Haltung Jesu zu den Frauen?

Sie war offensichtlich frei von Berührungsängsten. Bisweilen wird gar gemutmaßt, Jesus habe auch sexuelle Beziehungen zu Frauen gehabt oder sei als »Rabbi«, wie er genannt wird, verheiratet gewesen. Auffallend ist, wie oft die Evangelien über Begegnungen mit Frauen berich-ten. Einmal rettet Jesus einer Frau mit einer entwaffnen-den und klugen Intervention das Leben: *Wer ohne Schuld ist, der werfe den ersten Stein!* (Johannes 8). Ein andermal verteidigt er eine Prostituierte, die ihn mit teurem Parfüm-öl salbt und seine Füße mit ihren Haaren trocknet (Lukas 7,36ff.). Dann sieht man ihn am Brunnen allein mit einer Frau im Gespräch (Johannes 4), dazu noch einer Samari-tanerin – der Angehörigen einer mit den Juden verfeinde-ten Volksgruppe. Bemerkenswert ist, dass dies der längste Dialog ist, den die Bibel überliefert, voll existenzieller und theologischer Fragen. Mit ziemlicher Selbstverständlichkeit geht Jesus bei den Schwestern Maria und Martha ein und aus (Lukas 10,38ff.). Das waren für damalige Verhältnisse alles Tabubrüche.

Zu seiner Anhängerschaft gehörten außer den bekannten zwölf Jüngern auch viele Frauen, einige zogen mit ihm (z. B. Maria aus Magdala), andere – namentlich werden Johanna und Susanna erwähnt – waren vermögende und einflussreiche Sympathisantinnen, die ihn auf der Durchreise beherbergten und finanziell unterstützten (vgl. Lukas 8). Bei aller Distanz zu seiner *Familie* hatte er doch zu seiner Mutter eine besondere Beziehung, wovon besonders der Evangelist Johannes zu berichten weiß. Von seinem ersten öffentlichen Auftritt bei einer Hochzeit bis zu seiner Kreuzigung war Maria immer wieder in seiner Nähe.

Eine Kirche, die sich auf Jesus beruft, hat keine biblische Grundlage, um Frauen in irgendeiner Weise zu diskriminieren. Selbst das oft zitierte Petrus-Bekenntnis (Matthäus 16,16), auf das sich letztlich das Papsttum begründet, ist nicht exklusiv: Auch Martha bekennt sich zu Jesus als dem von Gott gesandten Christus (Johannes 11,27).

Sind die
Zehn Gebote
noch zeitgemäß?

Ja, aber nicht in der überlieferten Fassung. Zum Beispiel das letzte Gebot: *Du sollst nicht begehren deines Nächsten Haus, Weib, Knecht, Magd, Rind, Esel noch alles, was dein Nächster hat* (2. Mose 20,17). Wie könnten wir das, was mehr als tausend Jahre vor Christus für ein Nomadenvolk in der Wüste Gültigkeit beanspruchte, einfach übernehmen? Die Frau als Eigentum des Mannes? An den Formulierungen sieht man: Die Zehn Gebote vom Sinai (auch Dekalog genannt) fielen nicht vom Himmel, sie spiegeln auch die sozialen Verhältnisse der Zeit. Und dennoch sind die Gebote so etwas wie die Magna Charta der Freiheit des Volkes Israel nach der Knechtschaft in Ägypten. Sie können noch heute einem friedlichen Zusammenleben aller Menschen dienen. Der Weisungscharakter der Zehn Gebote liegt buchstäblich auf der Hand, wenn man die Finger in ihrer symbolischen Bedeutung bedenkt. Wer die Hände wie zwei Buchseiten vor sich hinlegt, die Daumen jeweils außen, kann die zehn Gebote schnell memorieren:

Der Daumen – erhoben – steht für unerschütterliches Freiheitsbewusstsein und damit gegen Druck und Daumenschraube. Er erinnert damit an den befreienden Gott (Erstes Gebot: *Ich bin der Herr, dein Gott, der dich be-*

freit hat aus der Sklaverei, unterwirf dich nicht fremden Göttern.) Der Daumen, an dem ein Kind nuckelt, erinnert aber auch an das Begehren, den Wunsch, sich etwas einzuverleiben. Und damit an die Verpflichtung, anderen mit unseren Begehrlichkeiten nicht zu bedrücken und die Existenz zu rauben (Zehntes Gebot: *Begehre nicht deines Nächsten Lebensgrundlage*). Der Zeigefinger mahnt, nicht mit dem Finger zu zeigen und somit Gott oder den Nächsten auf ein bestimmtes Bild festzulegen (Zweites Gebot: *Du sollst dir kein Bildnis machen* und Neuntes Gebot: *Rede nicht falsch über deinen Nächsten*). Der Mittelfinger steht für die Suche nach Ausgleich und Gerechtigkeit und damit gegen die Versuchung, Gott auf seine Seite (Drittes Gebot: *Missbrauche den Gottesnamen nicht für deine Zwecke*) oder andere bzw. deren Eigentum über den Tisch zu ziehen (Achtes Gebot: *Bestiehl deinen Mitmenschen nicht*). Der Ringfinger erinnert daran, dass unser Leben Schutzräume braucht – zum Atemschöpfen, Loben und Lieben (Viertes Gebot: *Achte den Sabbat, den Feiertag* und Siebtes Gebot: *Zerstöre die Ehe nicht*). Und der kleine Finger schließlich steht für die Fürsorge gegenüber allem, was lebt, besonders gegenüber allem, was schwach und verletzlich ist (Fünftes Gebot: *Ehre deine alten Eltern* und Sechstes Gebot: *Morde nicht*).

Frage 31

Was
 glauben
Christen?

Im Wesentlichen das, was Jesus als gläubiger Jude geglaubt hat. *Ich bin nicht gekommen, das Gesetz aufzulösen, sondern zu erfüllen,* so fasst Jesus pointiert sein Anliegen zusammen (Matthäus 5,17). Er will also Theorie und Praxis in Einklang bringen. Mit den jüdischen Gesetzeslehrern war er sich einig, worin der Kern des *Gesetzes*, also der Weisungen des Moses, besteht. Aus dem Hören auf Gott ergibt sich das Dreifachgebot der Liebe: Gott lieben und den Nächsten wie sich selbst. All das sind keine christlichen Erfindungen, keine neuen Gebote, die erst von Jesus formuliert wurden. Man kann sie nachlesen im Deuteronomium (5. Mose 6,4-5) und im Levitikus (3. Mose 19,18). Selbst die von Jesus geforderte Feindesliebe ist im 3. Mosesbuch angelegt, heißt es da doch (3, 34): *Du sollst den Fremdling im Lande lieben wie dich selbst.*

Die Differenz zum Judentum beginnt da, wo nach Jesu Kreuzigungstod seine Anhänger Erscheinungen haben und den auferstandenen Christus verkünden. Sie sahen in diesen Begegnungen mit dem Auferstandenen ein deutliches Signal: Gott bekennt sich zum Gekreuzigten. Mehr noch: er ist der gekreuzigte Gott. Daraus entwickelte sich das spezifisch christliche Bekenntnis: Ein Christ glaubt nicht nur, *was* Jesus glaubte, sondern *an* Jesus und bekennt ihn als

56

HERRN (Kyrios). Infolgedessen wurde Jesus nach seinen irdischen Tagen göttliche Autorität zugesprochen. Durch ihn spricht Gott. In seinem Antlitz, in seinen Gesten und Worten gibt sich der verborgene Gott zu erkennen. Mit der Verbreitung dieser Botschaft werden die Anhänger Jesu zugleich ökumenisch, das heißt, sie verlassen – beginnend mit dem Apostel Paulus – das Umfeld des Judentums und verbreiten ihren Glauben über die ganze Welt.

Frage 32

Was ist die
Goldene Regel
im Christentum?

Sie ist die komplette Umkehrung dessen, was man als Knittelvers in unzähligen Poesiealben lesen kann: *Was du nicht willst, das man dir tu, das füg auch keinem andern zu.*

Nur scheinbar ähnlich klingt der Satz Jesu aus der Bergpredigt: *Alles nun, was ihr wollt, dass euch die Leute tun sollen, das tut ihnen auch.* (Matthäus 7,12) Die Poesiealbumweisheit ist eine ängstlich-defensive – gewiss nicht schlecht, doch sie gleicht eher einem Nichtangriffspakt nach dem Motto: *Ich tu dir nichts zuleide – bitte tu du mir auch nichts.* Die Tendenz dieser Botschaft ist: Ich halte mich da raus. Ich halte mich bedeckt. Ganz anders die Ethik Jesu. Im

Grunde ist sie eine Ethik des ersten Schrittes, sie fordert auf zur Initiative. Man könnte knapp so formulieren: Was andere für dich tun sollen, das tu du ihnen zuerst.

Jesu Aufforderung, zuvorkommend zu sein, ist als »Goldene Regel« für unser menschliches Zusammenleben bezeichnet worden. Noch eines ist Gold wert an diesem Grundsatz: Wenn du ihn beherzigst, kannst du alle anderen Regeln, sogar die Zehn Gebote, vergessen. Denn, so sagt es Jesus, *das ist alles, was das Gesetz* (also die biblische Weisung) *und die Propheten fordern.*

Der Philosoph Immanuel Kant entwickelt mit seinem kategorischen Imperativ eine Formel, die manchmal mit der Goldenen Regel verwechselt oder verglichen wird. Er lautet: *Handle so, dass die Maxime deines Willens jederzeit zugleich als Prinzip einer allgemeinen Gesetzgebung gelten könnte.*

Frage 33

Was passiert in einem **Gottesdienst**?

Gott *passiert*, also – im Wortsinne von passieren – : Gott ereignet sich, zieht vorüber. Mit den Worten des Evangelischen Erwachsenen-Katechismus gesagt: *Der Gottesdienst ist ein Fest, in dem die Gemeinde von ei-*

nem anderen besucht wird: von Gott, der sich ihr mitteilen will durch sein Wort und der sie einlädt zu seinem Mahl. Zu diesem *Fest* laden an Sonntagen und kirchlichen Feiertagen die Kirchen mit Glockengeläut ein. Zu einem Fest gehören bestimmte festgelegte Formen und Rituale – und spontane Einfälle, Gedanken, Klänge und Gesänge der Beteiligten. So ist das auch in einem Gottesdienst. Es gibt eine Liturgie, also so etwas wie eine Spielregel für den Ablauf, die sich in Variationen überall auf der Welt finden: Einstimmung (meist durch die Orgel), Eröffnung, Begrüßung, Gebet und Bittruf um Gottes Gegenwart, biblische Lesungen, Bekenntnistexte, Lieder, eine Predigt (»Über-Setzung« eines Bibeltextes in die heutige Situation), Fürbitten mit *Vaterunser,* Dankopfer, d.h. Geldsammlung für Bedürftige sowie Sendung in den Alltag mit einem Segen. Dazu kommt – in manchen Kirchen immer, in anderen seltener – das *Abendmahl,* verbunden mit einer Geste und dem Wort *Friede sei mit dir.*

Und wozu dient das Ganze? Zu Trost und Erbauung, zur Orientierung und Ermutigung, zur Kommunikation und zur Unterstützung für andere.

Gott will sich kommunizieren, also mitteilen und mit seiner Gegenwart dienen, daher »Gottes Dienst«. Und wie geschieht das? Symbolisch. *Symbol* ist griechisch: Sym = mit, ballein = fliegen – man kann auch übersetzen: zusammenwerfen. Gottesdienst ist also so etwas wie symbolische Kommunikation. Da wird mir ein Ball = Gott zugespielt, den ich singend, meditierend, denkend, betend oder tanzend aufnehme.

Viele, die einen Gottesdienst besuchen, haben das Gefühl, dass in den Kirchen nicht ihr Spiel gespielt wird bzw. sie nicht ins Spiel kommen. Es braucht wohl – wie bei jedem Spiel – immer wieder neue und frische Impulse und Einfälle.

Frage 34

Was ist am Gründonnerstag grün?

Darüber haben schon viele gegrübelt. Der Duden meint, dass diese Bezeichnung des Donnerstags vor Ostern wohl nach dem weit verbreiteten Brauch benannt ist, an diesem Tag etwas Grünes, besonders Grünkohl zu essen. Diese Herleitung hat allerdings wenig zu tun mit dem Abendmahl, der letzten Mahlzeit, die Jesus mit seinen Freunden an diesem Abend teilte.

Eine andere Vermutung geht in die Richtung des althochdeutschen *grinen*, was *klagen* und *weinen* bedeutet. Damit lässt sich schon eher eine Verbindung ziehen zu dem Tag vor der Kreuzigung. Schließlich erzählt die Bibel, dass Jesus kurz vor seiner nächtlichen Festnahme am Stadtrand Jerusalems – in einem Olivenhain namens Getsemani – weinte. *Angst und Furcht ergriff ihn und er sagte: Meine Seele ist betrübt bis an den Tod* (Markus 14,33f.).

Man könnte dem Gründonnerstag noch einen anderen Sinn andichten mit dem Lied *Ermutigung* von Wolf Biermann. Vor Gefangennahme, Verhör, Folter, Kreuzigung und Tod macht Jesus etwas Kostbares. Er deckt am Abgrund des Todes den Tisch, feiert das Passahmahl, also das Mahl derer, die in die Freiheit ziehen, das Mahl derer, die eine Vision haben von einem Leben jenseits aller Schrecken: *Du lass dich nicht verhärten in dieser harten Zeit, ... du lass dich nicht erschrecken in dieser Schreckenszeit, ... das Grün bricht aus den Zweigen, wir woll'n es allen zeigen, dann wissen sie Bescheid.*

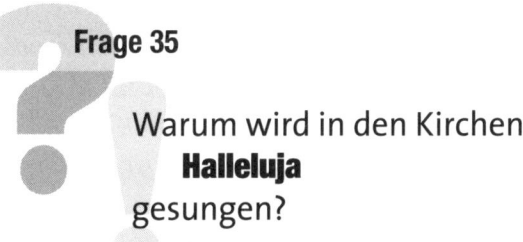

Frage 35

Warum wird in den Kirchen **Halleluja** gesungen?

Der arme Münchner im Himmel muss auf seiner Wolke zur Harfe immer wieder *Halleluja* singen – und er tut es in der Filmparodie mit zunehmender Verbitterung. Die Vorstellung, ein *Halleluja* anzustimmen, ist für viele Zeitgenossen albern. Dabei ist es interessant, über diese Lautbildung nachzudenken. Es scheint, dass hier die hebräische Sprache den Babys die ersten fröhlichen Lebenslaute abgelauscht hat. Wer ein *Lalala* auf den Lippen hat, ist stimmig und eins mit sich und der Welt. Das Urwort *hallal* bedeutet loben und preisen. Und im Nachklang des *ja* ist noch der Anklang an den geheimnisvollen Gottesnamen *Jahwe* zu hören. Wer immer also ein Halleluja anstimmt, der bejaht das Leben und ist im Einklang auch mit seinem Gott. Das Halleluja in den Kirchen kann wie eine singende Suchbewegung verstanden werden, um den richtigen Ton, den richtigen Grundton des Lebens wieder zu finden.

In geistlicher Musik, aber auch in den biblischen Psalmen kann man spüren und erleben, wie dieser Einklang Ausdruck findet. So heißt es im letzten, dem 150. Psalm überschwänglich:

Halleluja! Lobet Gott in seinem Heiligtum, lobet ihn in der Feste seiner Macht! Lobet ihn für seine Taten, lobet ihn in seiner großen Herrlichkeit! Lobet ihn mit Posaunen, lobet ihn mit Psalter und Harfen! Lobet ihn mit Pauken und Reigen, lobet ihn mit Saiten und Pfeifen! Lobet ihn mit hellen Zimbeln, lobet ihn mit klingenden Zimbeln! Alles, was Odem hat, lobe den Herrn! Halleluja!

Wer es nicht so vollmundig kann und mag, stimmt vielleicht lieber mit Leonard Cohen, dem 1934 in Kanada geborenen Sänger und Poeten, in ein »gebrochenes« Halleluja ein: *And even though it all went wrong / I'll stand before the Lord of song / with nothing on my tongue but a broken hallelujah.*

Was wird am **Heiligabend** gefeiert?

Dass Gott ankommt bei den Menschen, und zwar als Kind. Nie besuchen so viele Menschen die Gottesdienste der Kirchen wie am 24. Dezember, um diese wundersame Geschichte zu hören. Die bekannte Weihnachtslegende des Lukas (Kapitel 2) gleicht einem Versuch, die Welt mit neuen Augen zu sehen. Der Blick geht weg von den Schönen, Reichen und Mächtigen, hin zu den Armen, Erniedrigten, Obdachlosen.

Die Geschichte beginnt im Palast des mächtigsten Mannes der damaligen Welt: *Es begab sich aber zu der Zeit, dass ein Gebot von dem Kaiser Augustus ausging ...* Doch schnell lenkt Lukas unsere Aufmerksamkeit vom Palast zu den Hütten. Er führt uns in einen Winkel des Römischen Reiches, nach Bethlehem, in der Nähe Jerusalems gelegen, auf ein Hirtenfeld, zu einem Viehunterstand, nachts. Ein uneheliches Kind einer armen Mutter wird zum Mittelpunkt der Welt.

Und nun schaltet Lukas eine andere Ebene dazu. In einer kraftvollen Vision wird mit dem Chor der Engel so etwas wie ein himmlischer Hofstaat sichtbar. Der Himmel huldigt diesem Kind – und eben nicht dem Kaiser in Rom. In bewusstem Kontrast zur Pax Romana, der auf militärischer Unterwerfung beruhenden *Friedensordnung*, wird hier ein anderer *Friede auf Erden* verkündet, ein Friede, der von Gott kommt und unten beginnt, bei diesem Kind und in den Herzen der kleinen Leute. *Und Maria wunderte sich und bewegte alle diese Worte in ihrem Herzen* (Lukas 2,19). Das ist eine bewegende neue Weltsicht bis heute.

Frage 37

Wie viel Unheil hat die christliche **Heilsgeschichte** angerichtet?

Es muss leider gesagt werden: Die 2.000-jährige Geschichte des Christentums ist auch eine Geschichte aus Blut und Tränen, eine Geschichte von Intoleranz und Verfolgung, eine Geschichte mit Feuer und Schwert. Aus den Märtyrern und Verfolgten der ersten Jahrhunderte wurden allzu schnell selber Verfolger, sobald sich kirchliche Strukturen zu festigen begannen und mit weltlicher Macht verschmolzen. Mit den *Kreuzzügen* sollten die heiligen Stätten im Orient von islamischer Herrschaft befreit werden – dabei wurde neben vielen anderen Gräueln im Jahr 1099 die Bevölkerung Jerusalems weitgehend massakriert. Den sogenannten *Hexenverfolgungen* und der kirchlichen *Inquisition* fielen seit dem Spätmittelalter, besonders aber in den Jahren 1590 bis 1630, weit über 100.000 Menschen zum Opfer. Weiter: Auch die *Kolonisierung* Südamerikas und Afrikas war begleitet von Tod und Unterwerfung. Christliche Mission und Ausbeutung der Völker gingen Hand in Hand. Schließlich ist die Kirche mitverantwortlich für den *Antisemitismus* und die daraus folgenden unzähligen *Judenpogrome* – bis zur *Shoa*, dem Mord an mehr als 6 Millionen Juden, wozu die Kirchen überwiegend schwiegen.

Es gibt zu dieser dunklen Seite des Christentums zahlreiche Schuldbekenntnisse. Und: Es gibt eindrucksvolle Gegenbeispiele, wo einzelne sich mutig auf die Seite der Bedrängten stellten und dem staatlichen oder kirchlichen Terror Widerstand leisteten.

Frage 38

Gibt es einen Zusammenhang zwischen Glaube und Heilung?

Die Evangelien versuchen das immer wieder eindrucksvoll zu belegen: Da ist zum Beispiel ein unter Lähmungen leidender Mensch. Vier Männer tragen ihn auf einer Pritsche zu Jesus. Da wegen der Menschenmenge kein Durchkommen ist, gehen die vier mit ihrem Patienten buchstäblich durch Wände: Sie begehen dabei nicht nur einen Hausfriedensbruch, sondern auch schwere Sachbeschädigung, denn sie decken das Dach ab und lassen den

Lahmen runter. Doch all das sieht Jesus nicht als Störung, sondern viel mehr als Glaubensstärke. Der, der immer am Rande lag, bringt sich in die Mitte, er wird von seinen Freunden ungefragt gleichsam auf die Tagesordnung gesetzt. Und kommt damit wieder auf die eigenen Füße. Alle Lähmung weicht aus seinen Gliedern, Jesus entlässt ihn geheilt. (Markus 2)

Nach ähnlichem Muster verläuft die Heilung eines Blinden. Markus erzählt, wie ein blinder Mann sich lautstark Gehör verschafft. Obwohl er bedroht wird, endlich Ruhe zu geben, lässt er nicht locker und bittet Jesus um Hilfe. Dieser mutige Akt der Selbstbehauptung leitet die Heilung ein. In der Begegnung mit Jesus gehen dem Bartimäus die Augen auf und Jesus betont: *Dein Glaube hat dir geholfen* (Markus 10). Es deutet vieles darauf hin, dass Heilung ein Beziehungsgeschehen ist, bei dem die Eigeninitiative des Kranken eine wichtige Rolle spielt.

Frage 39

Welche Rolle spielt das **Herz** für den Glauben?

Glaubensdinge sind Herzensangelegenheiten. Jesus erweist sich als guter Kardiologe, wenn er in der *Bergpredigt* zweimal diejenigen glückselig preist, die ein Herz haben

– für den Mitmenschen und für Gott: *Die reinen Herzens sind, werden Gott schauen.* Und: *Die Barmherzigen werden Barmherzigkeit erlangen.* Das Herz erscheint hier wie eine lebendige Membrane, es verbindet mit Gott und dem Nächsten.

Das Herz ist mehr als ein Muskel und Motor des Körpers. Die psychosomatische Medizin weiß das seit langem. Das Herz ist auch Ort seelischer Regungen. Der Apostel Paulus sieht darin sogar einen göttlichen Raum: *Die Liebe Gottes ist ausgegossen in unsere Herzen* (Römerbrief 5,5) Oder: *Christus ist als heller Schein in unseren Herzen aufgegangen* (2. Brief an die Korinther 4,6).

Viererlei scheint mir aus christlicher Sicht für unser Herz bekömmlich:

Erstens Beherztheit, also Mut im Eintreten für andere – auch wenn einem dabei »das Herz in die Hosentasche rutscht«. Wie frisch und beherzt klingen die Worte des Propheten Amos (5,24): *Es ströme das Recht wie Wasser und Gerechtigkeit, wie ein nie versiegender Bach.*

Zweitens Herzenswachheit, also Übung, auf die Stimme des Herzens zu hören. Gottesdienste und Meditationen sind auch Hörübungen. Eingedenk Psalm 95,7: *Wenn ihr doch heute auf seine Stimme hören wolltet! Verstockt euer Herz nicht ...*

Drittens Herzlichkeit. Wie oft vergleicht Jesus das Reich Gottes mit einer Hochzeit oder einem festlichen Gastmahl. Gastlichkeit, Ausgelassenheit, Tanz und Freude sind Ausdrucksformen von Frömmigkeit. *Lobt Gott mit Pauken und Reigen.* (Psalm 150)

Viertens Barmherzigkeit. In unserer Gesellschaft wurde von den Kirchen in den letzten Jahren immer wieder eine Kultur der Barmherzigkeit eingefordert.

Übrigens benennt die evangelische Kirche im sogenannten Stuttgarter Schuldbekenntnis von 1945 im Blick auf das eigene Versagen während der Nazizeit genau diese vier Punkte: *Wir klagen uns an, dass wir nicht (1) mutiger bekannt, (2) nicht treuer gebetet, (3) nicht fröhlicher geglaubt und (4) nicht brennender geliebt haben.*

Frage 40

Wie komme ich in den Himmel?

Das Buch ist inzwischen ein Klassiker: *Gute Mädchen kommen in den Himmel, böse Mädchen kommen überall hin.* Mit anderen Worten: So richtig an den Himmel glaubt anscheinend niemand mehr. Wie die Hölle im neuzeitlichen Bewusstsein ihre Schrecken verloren hat, so der Himmel seinen Glanz. Und doch erzählen Eltern ihren Kindern, teils zur Beschwichtigung, teils aus eigener Sprachlosigkeit, teils aus Überzeugung: Opa ist jetzt im Himmel (oder die überfahrene Katze, das tote Meerschweinchen). Wir haben alle eine Ahnung, was himmlisch ist und was es heißt, die Hölle durchzumachen. In himmlischen Momenten scheinen Raum und Zeit aufgehoben, dann verschmilzt der Augenblick mit der Ewigkeit.

Wir sehnen uns alle nach Himmel-Erfahrung und meinen damit zumindest ein glückendes, gelingendes Leben. Und so fragten die Menschen schon vor 2000 Jahren. In der Lutherübersetzung hört sich das so an: *Was muss ich tun, um das ewige Leben zu ererben?* (Lukas 10,25). Als Antwort erzählt Jesus die Geschichte vom barmherzigen Samariter, dem Mann, der einem ausgeraubten und schwer verletzten Mann hilft (*Jericho* – siehe Frage 47). Diejenigen, denen man normalerweise guten Kontakt zum Himmel zutraut, gehen in der Erzählung allerdings leer aus. In den Himmel kommt nur der, der sich tief reinkniet in die irdischen Konflikte und Herausforderungen, einer, der den Himmel erdet und einen Mitmenschen aus der Hölle holt.

Im jüdischen Talmud wie im muslimischen Koran heißt es (und seit *Schindlers Liste* kennen alle das Zitat): *Wer einen Menschen rettet, rettet die ganze Welt.* Und kommt deshalb in den Himmel. Aber – und das ist die überraschende Pointe in der Theologie von Jesus: Auch für den steht der himmlische Festsaal offen, der umkehrt und sich auf den Weg macht und völlig abgerissen *nach Hause* kommt und mit leeren Händen vor dem *Vater* steht (Lukas 15).

Frage 41

Ist

Himmelfahrt

ein Tag der
christlichen Raumfahrt?

Es gab einmal ein Übersetzungsproblem mit diesem gesetzlichen Feiertag: Ein sowjetisches Staatsoberhaupt war an einem Himmelfahrtstag zu Gast in Deutschland, und da dem Dolmetscher die christliche Bedeutung des Tages nicht bekannt war, sprach er vom *Tag der Raumfahrt*. Doch auch hierzulande kann sich kaum ein Mensch mehr ernsthaft einen Reim auf diesen arbeitsfreien Donnerstag machen, der 40 Tage nach Ostern bzw. zehn Tage vor Pfingsten liegt. Als *Vatertag* dient er vielmehr feuchtfröhlichen Spritztouren ins Grüne.

Ins Grüne brachen aus ganz anderem Motiv einst auch die Männer und Frauen um Jesus auf. In der Apostelgeschichte, Kapitel 1, (ein knapperer Bericht findet sich in den Schlussversen des Markus) wird erzählt, wie sie dem scheidenden Jesus nachschauen. Eine Wolke hebt ihn auf und entzieht ihn ihren Blicken. An dieser Grenze des Wahrnehmbaren tauchen zwei Engel auf und fragen: *Was steht ihr da und seht zum Himmel?* Auf zahlreichen Bildern der Kunstgeschichte ist diese Szene immer wieder festgehalten worden: Christus entschwebt in den Himmel; zurück auf Erden bleiben die Spuren seiner Füße. *Auf diese Spur gilt es zu achten, die Spuren seiner bleibenden Gegenwart in der Welt gilt es aufzuspüren. Ihr werdet die Präsenz des Christus auf einer anderen Ebene spüren, als Geistesgegenwart, als Kraft des Heiligen Geistes.* So etwa lässt sich die Botschaft von Himmelfahrt übersetzen. Damit findet ein Paradigmenwechsel statt, also eine Veränderung des bisherigen Verstehenshorizontes: Christus ist nicht länger an Raum und Zeit gebunden. Er ist *im Himmel*, und Himmel ist überall. Überall kann er über uns aufgehen, tröstend und horizonterweiternd. – In der Antike haben viele Völker den Lebenslauf ihrer Helden geschmückt mit der Vision einer Himmelfahrt.

Frage 42

Hat Gott
Humor?

Im Buch und Film *Der Name der Rose* lautet das Schlüsselmotiv: Lachen und Humor untergraben die kirchliche und damit letztlich auch die göttliche Autorität. Wahr ist wohl, dass die Bibel diese These vielfach untermauert. Dass *die Freude an Gott unsere Stärke* sei (Nehemia 8,10) und dass *Gott Freude an seiner Schöpfung hat* (1. Mose 1), ist ein Grundton, den die Bibel nicht durchhält. Allzu oft ist von einem strafenden Gott die Rede. Dennoch: Wenn wir die Geschichten betrachten, die Jesus erzählt, dann kommt

Farbe in ein verdunkeltes Gottesbild. Im Gleichnis von den verlorenen Söhnen (Lukas 15) lässt der »Vater« (Gott) zum Tanz aufspielen – und bittet den verdrossenen zweiten Sohn, sich auch zu freuen und mitzufeiern.

Doch hat Jesus gelacht? Von seinem Schmerz und Mitgefühl ist oft die Rede, und auch sein Ärger und Zorn wird beschrieben. Doch vom Lachen Jesu erfahren wir nur indirekt. Sein Sprachwitz in den Gleichnissen, die ironischen Pointen und krassen Übertreibungen in seinen Vergleichen (Vom *Balken im Auge* bis zum *Kamele schlucken*) zeigen etwas von seinem Humor. Einmal vergleicht er sich mit *Johannes*, dem asketisch lebenden Täufer in der Wüste, und sagt, dass er im Unterschied zu diesem gerne zum Tanze aufspielt (Matthäus 11,17). Ein Lied der Quäker besingt Jesus deshalb als *Lord of the Dance*, als tanzenden Gott. Kritiker bestätigen Jesu Frohnatur indirekt, indem sie ihn einen *Fresser und Weinsäufer* (Matthäus 11,19) nennen. Der Evangelist Johannes erzählt als erstes Wunder (Johannes 2) ein ganz und gar »überflüssiges«, denn Jesus produziert im wahrsten Sinne des Wortes »Luxus«, also Überfluss: Als die Stimmung auf einem Hochzeitsfest abzustürzen droht, bringt Jesus die Gesellschaft wieder in Schwung. Es heißt, er habe unter der Hand reichlich Wasser in besten Wein verwandelt.

Frage 43

Was bedeutet
Inkarnation?

In diesem lateinischen Fremdwort ist der Grundgedanke des Christentums zusammengefasst. *Incarnare* heißt
ins Fleisch kommen. Dieses geschieht in der christlichen
Vorstellung nicht – wie in der griechischen Götterwelt –
durch Verwandlung, also vorübergehendes Überstreifen
eines menschlichen Gewandes. Sondern Gott liefert sich
auf Gedeih und Verderb aus. Wie das Schicksal Jesu zeigt,
auf Verderb. Doch Gottes Geschichte mit den Menschen
ist noch nicht zu Ende. Gott setzt in seiner nicht endenden Geschichte mit uns auf Gedeih, auf endlich gedeihli-
ches Zusammenspiel. Alle Jahre wieder inszenieren daher
die christlichen Kirchen die Inkarnation, die Niederkunft
Gottes. Als Ohnmächtiger betritt er die Bühne der Welt,
hilflos und nackt liegt er da, darauf wartend, Liebe und
Warmherzigkeit der Menschen neu zu erwecken.

Im Begriff Inkarnation ist die Trennung von Gott und
Welt aufgehoben. Nicht länger steht Gott der Welt gegenüber oder ungerührt über ihr, sondern er geht in ihr auf, so
sehr in ihr auf, dass er dabei fast unkenntlich wird, von vielen nicht erkannt wird, schließlich zum Sündenbock, zur
Projektionsfläche von Hass und Gewalt wird und den Tod
erleidet. Und dennoch kann Gott auf unbegreifliche Weise
nicht sterben, kommt zurück ins Fleisch, kommt wieder

und wieder in totes Gebein, so dass Totgesagte aufstehen und Christen an die Auferstehung des Fleisches glauben.

Frage 44

»INRI« –
oder:
Warum wurde Jesus gekreuzigt?

Auf vielen Kreuzigungsbildern findet sich die offizielle Anklageschrift, abgekürzt mit vier lateinischen Buchstaben: INRI. Das ist zugleich Hohn und Spott der römischen Besatzungsmacht, die sich zur Abschreckung gegen alle potenziellen Widerständler häufig dieser grausamen Todesstrafe bediente. I steht für Jesus, N für seinen Herkunftsort Nazareth, R für Rex, also König, und I für Juden. Jesus habe sich selbst zum König der Juden erklärt – so urteilten die Römer. *Er wiegelt das Volk auf* (Lukas 23,5) lautete offiziell die Anklage beim Verhör.

Übrigens wurde die Todesstrafe von den Römern am Tag vor dem hohen jüdischen Feiertag, dem Passahfest, vollzogen, »rechtzeitig«, um möglichen Aufständen an diesem Tage vorzubeugen. Sowohl die römischen wie die jüdischen Autoritäten waren im Alarmzustand an diesen Festtagen. Denn das Passahfest nährte im Volk die Hoffnung auf einen neuen Moses, der von der römischen Herrschaft befreien sollte. Mancher Hitzkopf konnte da in der aufgeheizten Stimmung als Messias gefeiert werden.

Auch die jüdischen Autoritäten sahen in der Mehrzahl in Jesus einen Provokateur, der es an religiöser Demut vermissen ließ, der sich die Freiheit nahm, zum Beispiel die strengen Sabbatgesetze zu übertreten und der sich anmaßte, in göttlicher Vollmacht zu reden und zu handeln.

Frage 45

Soll man als Christ zu allem
JA
und Amen sagen?

Im Gottesdienst macht das Sinn. Da stimmt man sich auf Gott ein und sagt Hallelu-Ja und Amen. Doch zu allem Ja und Amen sagen? Davon steht nichts in der Bibel. Trotzdem taucht immer wieder die Frage auf, wie weit Christen gehen dürfen, wenn sie nicht zu jeder staatlichen Maßnahme Ja und Amen sagen oder sich – in Diktaturen – direkt im Widerstand engagieren. Manche zitieren den Satz des Paulus: *Jedermann sei untertan der Obrigkeit* (Römerbrief 13). Dagegen steht nicht nur das *Erste Gebot*, das ja besagt: Wenn immer du Gottes Stimme hörst, horche auf sie und unterwirf dich nicht fremden Göttern. Heinrich Albertz, ehemals Pfarrer und Berliner Bürgermeister, hat auf die

Frage, welches der Zehn Gebote ihm als Politiker am wichtigsten war, ohne Zögern das erste genannt. Es habe ihn befreit vor Opportunismus und Anpassungszwängen und unabhängig gemacht in seinem Urteil. – Auch der biblische Grundsatz *Man muss Gott mehr gehorchen als den Menschen* (Apostelgeschichte 5,29) erfordert ein ziemlich helles Ohr und ein waches Gewissen. Also: Anpassung ist nicht gerade eine christliche Tugend.

Frage 46

Was verbirgt sich hinter dem Namen **Jehova**?

Zunächst einmal ein Irrtum. Da im Judentum der Gottesname heilig ist und nicht ausgesprochen werden darf, hat man im Hebräischen einen Weg gewählt, der im Deutschen nicht funktioniert. Man schrieb die Konsonanten des Unaussprechlichen als Tetragramm, d. h. mit den vier Buchstaben JHWH, auf. Das spricht sich *Jahwe*. Doch um das Nennen dieses Gottesnamens zu vermeiden, setzte man zu den vier Konsonanten des Tetragramms die Vokale (im Hebräischen geschieht das mit Punkten und Strichen über oder unter den Buchstaben) eines ganz anderen Wortes, nämlich die des Titels *Adonai* (hebräisch für *der Herr*). Deshalb hat Martin Luther immer HERR übersetzt, wenn im hebräischen Text JHWH auftauchte. Wer Jehova übersetzt, liest nicht korrekt, weil er JHWH und Adonai quasi »ineinander« liest.

Doch was verbirgt sich hinter JHWH? Womöglich sogar die alte Eva (die Lebendige, die Leben schenkt). Jedenfalls klingt in beiden Namen das aramäische Verb *hwh* an, und das bedeutet »sein« oder »werden«. Auf eine spannende Spur wird man damit gesetzt. Sie führt einen in trockenes Wüstenland, wo Moses seine Schafe über die Steppe hinaustreibt und auf einen brennenden Dornbusch stößt, der nicht verbrennt (siehe 2. Mose 3). Hat Moses gedacht: Da ist doch was im Busche? Jedenfalls nähert er sich der Stelle und findet heraus, dass Gott hinter dieser Erscheinung steckt. Moses fragt nach dem Namen dieses geheimnisvollen Gottes (der ihn auffordert, nach Ägypten zu gehen und das Volk Israel aus der Sklaverei zu holen). Statt einer klaren Antwort offenbart sich Gott so: *Ich bin, der ich sein werde. Geh, denn der ›Ich bin‹ geht mit dir.* Geheimnisvoll, dieser JHWH, der Menschen begleitet und dessen Sein noch im Werden ist!

»Jericho
ist überall.« –
Was bedeutet dieser Satz?

Jericho ist die wahrscheinlich älteste Stadt der Welt. Ausgrabungen reichen 8.000 Jahre zurück. Und sie liegt am tiefsten Punkt der Erde, ein paar hundert Meter unter dem Meeresspiegel, nahe dem Toten Meer, eine Oase, etwa 35 km von Jerusalem entfernt. Heute gehört sie zum Westjordanland.

Doch berühmt wurde der Ort durch eine Geschichte, die Jesus erzählt hat (Lukas 10). Ein Mann fällt unter die Räuber auf der Straße von Jerusalem nach Jericho und bleibt halbtot am Wegrand liegen. Ein Priester kommt vorbei, sieht ihn und eilt weiter – wahrscheinlich ruft der Gottesdienst oder eine andere Verpflichtung. Noch ein frommer Mann, ein Levit, also ein Tempeldiener, kommt des Weges – und auch er »übersieht« den Verletzten. Schließlich kommt ein Mann aus Samarien vorüber – Juden und Samaritaner waren verfeindet. Und den packt Erbarmen. Er kommt runter, nimmt sich des Verletzten an, er verbindet dessen Wunden, setzt ihn auf seinen Esel, bringt ihn zum nächsten Gasthaus, bezahlt sogar noch für seine weitere Versorgung und verspricht, für weitere Ausgaben aufzukommen. – Und nun kommen wir: Was hätten wir getan? Jericho ist nämlich überall. Selbst auf dem Weg zum Bäcker kann es passieren, dass uns eine Situation anspringt und man spürt: Jetzt kommt es auf mich an. Da ist es egal, ob man religiös ist oder nicht. Was allein zählt, ist, ob ich das Herz auf dem rechten Fleck habe. Der Ernstfall der Gottesliebe ist, ob ich Gott im Angesicht meines Nächsten erkenne, sagt Jesus.

Frage 48

Warum scheiden sich an **Jesus** die Geister?

Die zentrale Gestalt, an der sich das Christentum orientiert, war von Anfang an umstritten. Es ist überraschend und irritierend, wie unverblümt das in den Evangelienberichten nachzulesen ist. Jesus treibt böse Geister aus, so erfahren wir. Er sei selber von bösen Geistern besessen, sagen andere. Die ihn am besten kennen, halten Jesus für verrückt. *Er ist von Sinnen*, lesen wir in der Luther-Übersetzung (Markus 3, 21). Immer wieder heißt es, dass die Leute sich über ihn *entsetzen* – über die Vollmacht seiner Rede, die Entschiedenheit seiner Worte und seine Regel- und Tabuverletzungen, zum Beispiel wenn er am Sabbat heilt. Manche glauben schlichtweg: Er ist *wahnsinnig* und von einem bösen Geist besessen (im Griechischen steht *Dämon*, Johannes 10,20). Anderseits nennen ihn gerade diejenigen *Sohn Gottes*, die als besessen gelten (Markus 11,3).

Wie verwirrend: Die »Normalen« erklären Jesus für verrückt, während die »Verrückten« in ihm den Heiland sehen. Die einen dämonisieren Jesus, die anderen vergöttlichen ihn. Und er selbst? Er sagt denen, die sich über ihn den Kopf zerbrechen: *Selig ist, wer nicht an mir irre wird* (Matthäus 11,6).

Eigentlich verwundert es nicht, dass man Jesus – wie viele Propheten vor ihm – für »meschugge« hält. Dieses hebräische Wort für *verrückt* gebrauchen wir bis heute. Jesus würde mit seinen Einmischungen und Äußerungen in heutiger Psychologensprache als »überwertig« gelten. Vergleichende Studien haben gezeigt: Menschen, die sich von einem starken Gottesbewusstsein durchdrungen wissen, gelten in unserer westlichen Kultur oft als krank. In Indien werden sie dagegen als Erleuchtete verehrt. So nah liegen das Heilige und das Wahnsinnige beieinander!

Jesu Erscheinung gibt genug Anlass, über unsere Unterscheidung von »normal« und »verrückt« nachzudenken. Denn ist nicht unsere Aufteilung der Welt in Kranke und Gesunde, in »Normale« und »Verrückte«, zum Verrücktwerden? Am Ende ist jeder von uns – wie die Jünger Jesu – selber gefragt, für wen er Jesus hält.

Welche Aktualität hat
Johannes der Täufer?

Johannes der Täufer ist nicht identisch mit dem Jünger Johannes oder dem Autor des Johannesevangeliums. Man nennt ihn *die Stimme eines Predigers in der Wüste* (Markus 1,3). Er lebt in der Einöde, ernährt sich von Heuschrecken und wildem Honig. Doch die Menschen kommen zu ihm. Seine harsche Kritik an den herrschenden Verhältnissen findet Resonanz, doch sie kostet ihn auch das Leben. Er sieht sich als Wegbereiter des kommenden Messias. Er fordert daher die Menschen zur *Buße* auf – und tauft, d. h. taucht sie in den Fluss als Zeichen ihrer Reinigung und Umkehr. Auch Jesus lässt sich von ihm taufen. Auf der Höhe seines Erfolges – immerhin strömen die Menschen aus Jerusalem zu ihm an den Jordan –, formuliert Johannes die Erkenntnis: *Er* – gemeint ist Christus bzw. die Gottesgegenwart – *muss wachsen, ich aber muss abnehmen* (Johannes 3,30).

Ich finde Johannes den Täufer in dreierlei Hinsicht aktuell: Erstens, er sieht sich als *Wegbereiter* des kommenden Christus. Ist das nicht eine gute Rollenbeschreibung: nicht selber Gott spielen, sondern ihm den Weg bereiten? Zweitens, Johannes kann sich selbst zurücknehmen, er kann *abnehmen:* Vielleicht, weil er sich versteht als Teil einer größeren Lebenssinfonie, die im Kommen ist. Wo »Ich« war, soll »Christus« werden. Drittens ist er trotz seiner klaren Worte ein Mann, der Zweifel kennt. Johannes deutet zwar auf Christus – und doch wird er aus Jesus nicht recht schlau: *Bist du, der kommen soll?*, lässt er später aus dem Gefängnis fragen (Matthäus 11,3).

Dem Täufer Johannes ist ein eigener Festtag gewidmet: Auf der Höhe des Jahres, zur Zeit der Sommersonnenwende, ein halbes Jahr vor Weihnachten, also am 25. Juni, wird in vielen Kirchen der Johannistag gefeiert. Ein Tag, der uns fragt, wie wir damit umgehen, wenn wir »abnehmen«.

Frage 50

War Jesus
Jude?

Er war es mit Leib und Seele, nicht nur im ethnischen, sondern auch im religiösen Sinne. Er wollte keine neue Religion gründen. *Ich bin nicht gekommen, das Gesetz* (die Weisungen Moses) *abzuschaffen, sondern zu erfüllen*, so stellt er nach dem Zeugnis des Matthäus (5,17) gegenüber Kritikern klar. Dennoch geht er an manchen Punkten auf Distanz und greift die religiösen Autoritäten des Judentums hart an. Seine radikale Kritik am religiösen Kult steht ganz in der Tradition der Propheten. Dennoch setzt Jesus neue Akzente und verletzt Tabus, etwa im Umgang mit sogenannten Unreinen (Kranken, Fremden, Kollaborateuren, *Sündern*). Besonders die Distanzlosigkeit, mit der er Gott mit Vater, ja zärtlicher noch, mit *Abba* (Papa) anredet (Markus 14,36), löst Empörung aus, ja führt mit zum Anklagepunkt der Gotteslästerung. Die jüdischen Behörden sind mitverantwortlich, dass die Römer (unter Pontius Pilatus) die Todesstrafe aussprechen und vollstrecken. Der Satz aus dem Matthäusevangelium *Sein Blut komme über uns und unsere Kinder* (Matthäus 27,25) hat leider einen schlimmen christlichen Antijudaismus befördert. Auch der Reformator Martin Luther hat in seinen antijüdischen Auslassungen Sätze geprägt, die vergessen machen können, dass Jesus Jude war. Schon Paulus wehrt sich gegen antijüdische Reflexe der christlichen Gemeinde in Rom und betont die Zusammengehörigkeit beider Religionen: *Nicht du trägst die Wurzel, sondern die Wurzel trägt dich* (Römerbrief 11,18).

Frage 51

Muss man als Christ an die Jungfrau Maria glauben?

Geboren von der Jungfrau Maria – so sprechen noch immer weltweit Christen das apostolische Glaubensbekenntnis aus dem 5. Jahrhundert. Um diese Zeit wurde

Maria auf dem Konzil von Ephesus auch zur *Mutter Gottes* erklärt, was insbesondere für die orthodoxe Kirche wichtig ist. Wenn man sich auf den Gedanken einlässt, kann er faszinierend sein: Eine Frau geht mit Gott schwanger. Und zwar kraft des Heiligen Geistes.

Relativierend muss man sagen: Die jungfräuliche Geburt Jesu ist keine christliche Erfindung, sie findet sich auch in anderen Kulturen. Man sollte sie nicht im naturwissenschaftlichen Sinn verstehen.

Die Geburtslegende des Lukas weiß gleich von zwei Frauen zu berichten, denen Außergewöhnliches widerfährt: Die sehr alte Elisabeth und die sehr junge Maria werden schwanger. Unverhofft geht diesen beiden einfachen Frauen, *die in Finsternis und Schatten des Todes sitzen*, ein *Licht aus der Höhe* auf (Lukas 1,68-79). Zwei unbedeutende Frauen treten aus dem Schatten, weil sie sich von Gott »angesehen« wissen.

Was immer es mit der unehelichen Geburt Jesu auf sich hat: Maria selbst deutet ihre Mutterschaft wahrhaft emanzipatorisch und selbstbewusst. Sie definiert sich nicht mehr über den Mann, sondern sie bezieht ihre Würde und Selbstachtung unmittelbar von Gott. Im berühmten *Magnifikat* (Lukas 1,46ff.) singt sie: *Meine Seele lobt den Ewigen, und mein Geist jubelt über Gott, meine Hilfe; denn Gott hat die Erniedrigung seiner Sklavin gesehen – und beendet.*

Frage 52

»Good Friday« – oder: Was ist am **Karfreitag** gut?

Karfreitag ist zunächst alles andere als gut. Dieser gesetzliche Feiertag zwei Tage vor Ostern ist der dunkelste im ganzen *Kirchenjahr*. *Kara* bedeutet im Althochdeutschen ›Sorge‹ – das macht Sinn, wird doch an diesem Tage der Kreuzigung und des Todes von Jesus gedacht. Es ist also der Tag, an dem seine Freunde Kummer und Verzweiflung erfasst.

Im Zentrum des Christentums steht das Kreuz, Inbegriff brutalster Gewalt. Wie kann ein solch furchtbares Folterinstrument zum Logo und Erkennungszeichen des Christentums werden? Warum gilt Karfreitag in vielen evangelischen Kirchen als höchster Feiertag? Es hat mit der anschließenden Deutung zu tun, die man dem Kreuzestod gab. Diese Deutung beginnt da, wo Jesus mit einem Schrei stirbt und ein anwesender römischer Soldat bekennt: *Wahrlich, dieser Mensch ist Gottes Sohn gewesen!* (Markus 15,39). Der Todesschrei als Geburtsschrei!

Karfreitag ist damit zu einem besonderen Tag der Gotteserkenntnis geworden. Im Todesschrei wird Gott erkannt. Erkannt als der, der nicht außerhalb der Welt ist, sondern das Geschick der Menschen teilt. Alles, was Menschen Menschen antun oder an Schlimmem erleiden, hat

85

dieser Gott selbst durchlitten. An Karfreitag zeigt Gott eine dunkle, seine ohnmächtige, aber auch seine alles Leid der Welt auf sich nehmende Seite. Das hat etwas Tröstliches. Denn man kann daraus den Schluss ziehen, dass auch der »gottverlassenste« Winkel der Erde nicht mehr gottlos ist. Karfreitag zeigt: Gott schafft das Leid und Unrecht nicht mit einem Machtwort ab. Sondern nimmt es auf sich. Das bringt später eine überraschende Wende – nicht das Ende, sondern einen neuen Anfang. Darum heißt Karfreitag im Englischen auch *Good Friday*, der gute Freitag.

Frage 53

Wollte Jesus eine **Kirche** gründen?

Nein. Nach allem, was wir wissen können, erwartet er das baldige Ende der Welt. Infolgedessen macht er sich keine Gedanken, seine Lehre aufzuschreiben und erst recht nicht, diese in irgendeiner Form institutionell zu verankern. Die Kritik an der Kirche findet daher immer wieder pointiert Ausdruck in dem Satz: »Jesus verkündigte das Reich Gottes – und was kam, war die Kirche.« Es scheint der Lauf der Welt zu sein, dass Ideen und göttliche Eingebungen – sofern sie »zünden« und Anhänger finden – nach einer festen Form suchen. So werden aus dem gesprochenen Wort die Schrift und der feste Ort, wo man das Geschriebene hört, lehrt, überliefert. Eigentlich braucht es keine Gebäude, sagt schon der Begründer der weltweiten Mission und älteste Autor im neuen Testament: Paulus, der um das Jahr 50, also knapp 20 Jahre nach dem Tod Jesu als erster zur Feder greift. Er schreibt an die Gemeinde in Korinth, dass unser Leib der Tempel Gottes sei (1. Korinther 6). Erst später kamen Kirchen aus Stein. Dem Begriff Kirche liegt das spätgriechische *kyrikon* zugrunde, und das knüpft an die Hoheitsbezeichnung an, die die ersten Christen Jesus gaben: *Er* und keine andere Autorität war für sie der Kyrios, der Herr.

Frage 54

Kann man auch ohne Kirche Christ sein?

Immer wieder hört man von ausgetretenen Kirchenmitgliedern das Argument: Glauben kann ich auch ohne Kirche. Richtig ist: Der Heilige Geist braucht keine Mauern, im Gegenteil, er weht, wo er will, wie es in der Bibel heißt (Johannes 3,8). Andererseits: Braucht das Leben keine Formen? Um mich frei und ungebunden zu fühlen, brauche ich trotzdem ein festes Dach über dem Kopf, um meine Ideen sprudeln zu lassen, brauche ich trotzdem gedruckte Bücher. Jedes gemeinsame Essen, jedes Fest drängt nach einer Gestaltung, das lässt sich nicht im luftleeren Raum inszenieren. So ist es mit dem Glauben. Den habe ich nicht immer parat. Der braucht auch Formen und Abläufe, die ich nicht nur aus mir selber schöpfe. Es braucht Orte, wo ich ihn auffrischen kann. Ich kann ihn nicht alleine überliefern an die nächste Generation. Selbst Wasser ist nicht immer verfügbar, es braucht Brunnen oder ein Leitungssystem, sonst entzieht es sich mir womöglich gerade dann, wenn ich es dringend benötige. So wie ich in einem Körper wohne und nicht nur eine freischwebende Seele bin, so braucht auch der Glaube ein Haus, in dem er sich sammeln und artikulieren kann im Zusammenklang und Zusammenspiel mit vielen. Das kostet Geld. Das ist doch auch bei anderen Dingen so. Oder wie will ich Tennis spielen ohne Übungsplatz, wie in einem Orchester musizieren ohne Probenraum und Übungsleiter?

Wichtig ist: Kirchenmitgliedschaft definiert sich durch die Taufe, nicht durch die Kirchensteuer. Auch wenn man austritt, bleibt man in gewisser Weise drin.

Warum gibt es so viele unterschiedliche **Kirchen**?

Schon in den frühesten Dokumenten, den neutestamentlichen Briefen und in der Apostelgeschichte, wird erkennbar: In dem Moment, wo sich das Christentum über die Grenzen eines Landes ausbreitet und neue Zielgruppen anspricht, verändert es sich, wird kontextuell, nimmt Elemente anderer Kulturen und Religionen auf. Judenchristen – Heidenchristen, das ist die erste Konfliktlinie, die sich festmacht an Fragen wie der Beschneidung oder an Essensvorschriften.

Prüft alles, und das Gute behaltet (1. Thessalonicher 5,21) – das war und ist bis heute wohl eine gute Maxime, die der Apostel Paulus empfiehlt, getreu seinem eigenen Leitspruch, Christen seien zur Freiheit berufen (Galaterbrief 5,1). Diese Freiheit wird aber immer wieder unterschiedlich ausgelegt. Seit Beginn der Kirchengeschichte gibt es Konzile und Synoden, die Richtlinien formulieren. Dabei kommt es zu Trennungen und auch gegenseitigen Verurteilungen und sogar Verfolgungen.

Heute bilden katholische, orthodoxe und evangelische Kirchen drei große konfessionelle Blöcke der Christenheit. Und die sind wiederum vielfach differenziert. Orthodoxe Kirchen sind überwiegend im Osten zu finden (Griechenland, Russland). Die römisch-katholische Kirche ist wegen

der hierarchischen Struktur und des päpstlichen Ober-
hauptes weltweit am leichtesten identifizierbar. Doch auch
unter Protestanten gibt es weltweite Zusammenschlüsse:
Anglikaner, Lutheraner, Reformierte und viele mehr, die
sich je nach Kontinent, aber auch von Ortsgemeinde zu
Ortsgemeinde oft erheblich unterscheiden. Dazu gibt es
viele Freikirchen, Baptisten, Methodisten, die Heilsarmee,
Ordensgemeinschaften, die Quäker und viele mehr. Den
größten Boom erleben weltweit pfingstlerische Gemeinden, die häufig fundamentalistische Züge tragen. Vielfalt
nicht nur auszuhalten, sondern – gern in einem bun-
ten Wettstreit – zu gestalten, ist gut und Ausdruck eines
Reichtums – und in jedem Fall besser als Einfalt.

Frage 56

Gibt es zum **Kirchenjahr** eine christliche Farbenlehre?

Tatsächlich kann man anhand der liturgischen Farben
etwas über die Kirchenjahreszeit sagen. Die verschiedenen
Farben erkennt man an den Antependien oder Paramenten,
also den farbigen Tüchern, die an Kanzel und Altar hängen
und, vor allem in katholischen Kirchen, an der Stola des Pfar-
rers. Das Kirchenjahr, das am ersten Advent beginnt (*Zeitrechnung*) und mit dem Ewigkeitssonntag (Totensonntag)

endet, verbindet die Grunddaten des Glaubens mit dem Jahreslauf. Den drei großen Festkreisen Weihnachten, Ostern und Pfingsten bzw. Trinitatis (*Dreifaltigkeit*) sind liturgische Farben zugeordnet. Weiß als Symbol des Lichtes erscheint an Weihnachten und Ostern sowie an anderen Christusfesten, z. B. am Johannistag (*Johannes der Täufer*). Violett taucht ebenfalls in zwei Festkreisen auf. Im Farbspektrum ist Violett die Farbe des Übergangs. Es markiert im Kirchenjahr Zeiten der Einkehr und Besinnung und der Vorbereitung auf große Festtage: Advent und die 40-tägige Passions- bzw. Fastenzeit vor Ostern. Rot als Farbe des Feuers erinnert am Pfingstfest an die Ausgießung des Geistes. Die längste Zeit im Jahr sieht man in den Kirche Grün, besonders an den vielen Sonntagen nach Trinitatis (das ist der Sonntag nach Pfingsten) bis zum Ewigkeitssonntag. Grün ist die Farbe der aufgehenden Saat, aber auch die des inneren Wachstums. Man kann auch an die *Grünkraft des Herzens* (Hildegard von Bingen) denken. Schwarz, die Farbe der Trauer, trägt die Kirche am *Karfreitag.* Der bewusste Weg durch das Kirchenjahr kann der inneren Entwicklung eines Menschen förderlich sein, denn die äußeren Daten des Glaubens haben ja auch eine innere Dimension: Kehraus als Vorbereitung auf eine Geburt – das neue Leben soll Raum finden bei mir: Weihnachten. Passionszeit – Zeiten der Krise und des Leidens, die in Tod und Neuanfang münden. Der österliche Neuanfang zieht weite Kreise, er steckt andere an (Pfingsten), er pflanzt sich fort, bis es ans Ernten (Erntedankfest) und schließlich die Lebensbilanz und Ausblick auf den Horizont hinter unserem Horizont (Ewigkeitssonntag) geht.

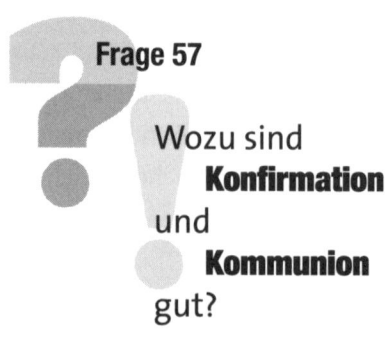

Frage 57

Wozu sind **Konfirmation** und **Kommunion** gut?

In gewisser Weise bekommen wir den Glauben mit der Muttermilch. Was uns an der Wiege gesungen wird, sinkt – und singt sich! – tief in unser Bewusstsein, verankert sich also im Unterbewusstsein. Das Abendlied »Der Mond ist aufgegangen«, mit allen sieben Strophen vorm Einschlafen gesungen, gibt nicht nur der Eltern-Kind-Beziehung Grund, sondern begründet auch ein Urvertrauen, das über Vater und Mutter hinausweist. Es stiftet den Glauben an die Güte des Lebens und macht Gott vor allem Verstehen *einleuchtend*. Wenn ein freundliches Gesicht über unserem Kinderbettchen leuchtet, dann leuchtet auch ein, wenn es später im Segen am Schluss des Gottesdienstes heißt: *Der Herr lasse sein Angesicht leuchten über dir.* So können Eltern ihren Kindern, ob sie nun getauft sind oder nicht, Religion vermitteln. Doch darüber hinaus braucht es Einweisung in Vollzüge und Inhalte des Glaubens. Und deshalb gibt es für die Heranwachsenden Katechese. Die katholische Kirche beginnt mit dem Kommunionsunterricht deutlich früher als die evangelische: Der Konfirmandenunterricht endet in der Regel, wenn man mit 14 religionsmündig wird. Im Wort Kommunion schwingt Gemeinschaft, im Wort Konfirmation Befestigung.

Damit wird deutlich, dass es in beiden kirchlichen Angeboten um mehr geht als Auswendiglernen von Geboten, Gebeten, Liedern und biblischen Texten. Junge Menschen werden ca. zwei Jahre begleitet bei der Suche nach einer eigenen christlichen Gewissens- und Identitätsbildung – mit dem Ziel, getauft zu werden oder die eigene Taufe zu bejahen. Die Einsegnung am Schluss der Konfirmandenzeit ist auch ein Initiationsritus, eine Zeremonie des Übergangs ins Erwachsenenleben. In früheren Jahren markierte er Schulabschluss und Beginn des Berufslebens. Wer konfirmiert ist, kann als Pate Verantwortung für andere übernehmen.

Frage 58

Macht die Begegnung mit **Kruzifixen** nicht krank?

Der hinduistische Gott Shiva tanzt, Buddha ruht gelassen in sich selber, jedoch das Christentum präsentiert uns auf Schritt und Tritt einen nackten, blutenden, gemarterten Körper. So betrachtet, ist das Christentum keine einladende Religion. Es gibt Initiativen, die die Darstellung des Gekreuzigten aus dem Erscheinungsbild von Schulen und öffentlichen Gebäuden verschwinden lassen wollen – u. a. mit der Begründung, solch grausame Bilder seien Kindern nicht zumutbar.

Richtig ist: Im Kreuzigungsbild ist das Christentum einseitig und eindimensional dargestellt. Die mittelalterlichen Flügelaltäre kommen der Sache, um die es geht, schon näher: Klappt man einen solchen Altar auf, wandelt sich das Bild, aus dem Gekreuzigten wird der Auferstandene. Die Theologie liegt gewissermaßen in den Scharnieren. Manche Kirchen sind fixiert auf einen der beiden Aspekte und blenden so entweder das Leiden oder die österliche Lebensfreude aus. Doch weder Halleluja-Gesänge noch Klagelieder allein werden der Grunderfahrung des Glaubens gerecht, nämlich, dass Gott im wörtlichen Sinn *passiert*, also hindurchgeht und so, wie es in einem Psalm heißt, *Klage verwandelt in einen Reigen* (Psalm 30,12). Da ist er dann also doch, der tanzende Gott.

Eine Zeit wie die unsere propagiert eher ein leidfreies Leben und ist in Gefahr, Krankheit, Gebrechlichkeit und Tod zu tabuisieren. Da ist das Christentum realistischer und schafft mit Kruzifixen ein heilsames Gegengewicht.

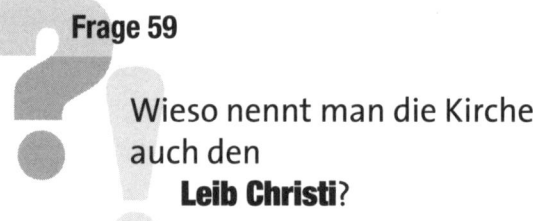

Frage 59

Wieso nennt man die Kirche
auch den
Leib Christi?

Paulus hatte die geniale Idee, die ziemlich kunterbunt zusammengesetzte und einigermaßen miteinander zerstrittene Gemeinde in der kleinasiatischen Hafenstadt

Korinth so zu nennen: *Ihr seid der Leib Christi und je-*
der einzelne ist ein Teil des Ganzen (1. Korinther 12).
Damit formuliert Paulus eine hochaktuelle Einsicht, die
man wirtschaftlich und ökologisch auf die ganze Welt,
unser zusammenwachsendes »global village«, beziehen
kann, nämlich die Erkenntnis: Alle Dinge sind miteinander verbunden. Was wir der Erde antun, tun wir uns
selber an. Wenn wir das Wasser verschmutzen, vergif-
ten wir uns.

Wenn die Christen der Leib Christi sind, denkt Paulus einen Gedanken Jesu weiter: *Was ihr den Geringsten*
tut, das tut ihr mir, sagt Jesus einmal in einem Gleichnis. Wenn ihr bestimmte Leute übersetht oder verachtet,
verstoßt ihr mich (Matthäus 25). Paulus ist der erste große Theologe, der den christlichen Urgedanken, dass Gott
Mensch wird, weiterentwickelt. Wenn Gott *inkarniert*,
also Fleisch und Blut wird in Jesus, dann soll seine *Inkar-*
nation, also Menschwerdung, sich fortsetzen in denen,
die sich zu Jesus bekennen. Leib Christi sein heißt, vom
gleichen Energiestrom beseelt zu sein und sich als Zusammenspiel unterschiedlichster Begabungen zu verstehen:
Jeder ist wichtig, jeder hat etwas Spezifisches einzubringen
zum Wohle aller.

Frage 60

Hat das Christentum eine Antwort auf die Frage nach dem Leiden?

Das Wort *Hiobsbotschaft* erinnert an die biblische Figur, der ein ganzes Buch gewidmet ist. Hiob wird von Schicksalsschlägen verfolgt. Freunde versuchen – nach einer ergreifenden Bekundung von Mitgefühl (Kapitel 2,11-13) – ihm selber die Schuld an seinem Unglück zu geben. Hiob fordert Gott heraus – doch seine Frage nach dem Sinn des Leidens bleibt unbeantwortet. Der amerikanische Schriftsteller und Theologe Jack Miles gibt in seinen Büchern »Gott« und »Jesus« eine interessante Deutung: Gott kann der Wucht der Anfragen Hiobs nicht standhalten. Und verstummt. Die einzige Weise, sich wieder ins Spiel und Gespräch zu bringen, ist: Mensch zu werden und selbst Leiden erfahren. Das beantwortet Hiobs Frage zumindest teilweise. Gott wechselt die Seiten.

Jesus stirbt mit dem Schrei *Mein Gott, warum ...* (Markus 15,34) auf den Lippen. Und ruft sich so mitten ins verborgene Gottesgeheimnis hinein. Mit diesem Schrei dürfen auch wir unserem Schmerz Ausdruck verleihen und eine Richtung geben.

Leiden ist für das Neue Testament keine Strafe. Jesus weist eine entsprechende Aussage seiner Jünger zurück, weder der Blindgeborene noch seine Eltern haben Schuld an dem Leiden (Johannes 9,1-7). Vielmehr, so Jesu rätsel-hafte Worte, sollen an diesem Blinden die Werke Gottes offenbar werden. Leiden ruft förmlich nach Gottes Ein-greifen. Es gibt die Erfahrung, dass man am Leiden reifen und über sich selber hinauswachsen kann. Doch man kann auch daran zerbrechen.

Warum muss ich leiden? Eine Antwort kann sich am ehesten einstellen, wenn wir unserem Fragen eine neue Richtung geben. Das empfiehlt Viktor Frankl, KZ-Über-lebender und Begründer der Logotherapie. Statt *Warum* sollten wir lieber *Wozu* fragen. Manchmal tun sich dann neue Perspektiven auf.

In den *Seligpreisungen* (Matthäus 5) macht Jesus eine provozierende Aussage über das Leiden. Er nennt dort ausgerechnet die Leidtragenden *glückselig. Denn sie sollen getröstet werden.* Doch wann wird das sein?

Frage 61

Hat Jesus das **Liebesgebot** erfunden?

Nein. Das wird zwar immer wieder behauptet, doch Jesus zitiert nur seine Bibel und ist sich mit seinen Kri-tikern in diesem Punkt ganz einig. Das wichtigste Gebot für Judentum und Christentum ist das sogenannte Doppelgebot der Liebe. Eigentlich hat die Liebe darin sogar eine dreifache Dimension oder Richtung. *Du sollst Gott, deinen Herrn, lieben von ganzem Herzen, von ganzer Seele, von allen Kräften und von ganzem Gemüte und deinen Nächsten wie dich selbst.* (5. Mose 6,5; 3. Mose 19,18) Liebe hoch drei: Gottesliebe, Nächstenliebe und Selbstliebe gehören zusammen. Wer demgemäß handelt, wird leben, sogar das ewige Leben ererben (Lukas 10, 25ff.).

Nun stellt sich vielleicht die Frage, ob man Liebe überhaupt gebieten kann, ob sie nicht viel eher innerster Ausdruck unseres Wesens ist. Dieser Gedanke hat den Schreiber des 1. Johannesbriefes zu einer Aussage inspiriert, die zu den »Spitzensätzen« des Neuen Testaments gehört. Darin wird Gott als Liebe definiert, vielmehr aus jeder Definition, also Begrenzung, herausgenommen und grenzenlos entgrenzt: *Gott ist Liebe, und wer in der Liebe bleibt, der bleibt in Gott und Gott in ihm.* (1. Johannes 4,16). Gott ist also ein pulsierendes Gewebe, in das wir verwoben und von dem wir ein Teil sind, wenn und wann immer wir uns liebend auf das Leben einlassen.

Frage 62

Stimmt es, dass das
Magnifikat
ein Aufruf zum Umsturz ist?

Mit dem Magnifikat ist ein Abschnitt aus dem ersten Kapitel des Lukasevangeliums (Verse 46-56) gemeint, der mit *Der Lobgesang der Maria* überschrieben ist. Dort jubelt Maria über einen Gott, der revolutionär ist: *Er stößt die Gewaltigen vom Thron und erhebt die Niedrigen. Die Hungrigen füllt er mit Gütern und lässt die Reichen leer ausgehen.*

In dieser selbstbewussten Ankündigung liegt ein umstürzlerisches Element des Christentums, das seine Wurzeln im jüdischen Glauben hat. Maria hat zwei alttestamentliche Vorläufer: Zum einen ist da Hanna, die bis in den Wortlaut hinein einen ähnlichen Gesang anstimmt (1. Samuel 2). Zum anderen erinnern ihre Worte an das Kampf- und Siegeslied der über 1.000 Jahre vor ihr lebenden Namensschwester Mirjam. Das Mirjamlied gilt als das älteste Bekenntnis des Volkes Israel. Die Schwester des Moses stimmt es an, nachdem die ägyptische Armee im Schilfmeer versunken und das Volk endgültig der Sklaverei entronnen ist: *Singet Jahwe, denn er ist hoch erhaben, Ross und Reiter warf er ins Meer!* (2. Mose 15,21)

Den Namen des in der Musik oft vertonten Lobgesangs verdankt das Lied der Maria seinem lateinischen Wortlaut: *Magnificat anima mea dominum* – von Luther sehr schön übersetzt mit »Meine Seele erhebt den HERRN«. Das ist eine atemberaubende Vorstellung: Die menschliche Seele so etwas wie eine »Hebebühne« für Gott! *Magnificare* heißt wörtlich »groß machen«. Das ist eine zentrale Aussage des christlichen Glaubens: Es gilt Gott zu heben aus den Tiefen des Unterbewusstseins und in dieser Welt groß werden zu lassen.

Frage 63

Wie können wir heute mit dem Missionsbefehl umgehen?

Das Wort Mission hat heute einen Doppelklang, englisch ausgesprochen assoziieren wir Actionfilme und amerikanisches Sendungsbewusstsein, in der deutschen Aussprache eine eher antiquierte und fragwürdige kirchliche Veranstaltung. Der Begriff ist lateinischen Ursprungs und bedeutet »Sendung« oder »Auftrag«.

Eine bleibende Frage: Wozu bin ich auf der Welt? Um die Erde zu bebauen und zu bewahren, sagt der Schöpfungsbericht in 1. Mose 2. Um Gerechtigkeit zu tun und Liebe zu üben und aufmerksam mitzugehen mit Gott, sagt der Prophet Micha (6,8). Um Gott zu lieben und den Nächsten wie sich selbst, so ist sich Jesus einig mit den Schriftgelehrten (Lukas 10,27). Wer das tut und mit seinem Leben bezeugt, erfüllt seine Sendung, ist Missionar im besten Sinne des Wortes und *erbt das ewige Leben*.

Doch da ist noch der letzte Abschnitt des Matthäus-evangeliums, der in vielen Bibeln die Überschrift *Der Missionsbefehl* trägt. Da kann man von der Aufforderung Jesu lesen, *hinzugehen und alle Völker zu Jüngern zu machen und sie zu taufen.* Das ist zwar, nach allem, was wir wissen können, kein O-Ton Jesu. Er spiegelt eher das Selbstverständnis der christlichen Gemeinde um Matthäus ungefähr um das Jahr 70. In seiner Wirkungsgeschichte hat dieser Tauf- und Missionsgedanke eine dunkle Seite, besonders da, wo er einherging mit Kolonisierung und Unterwerfung ganzer Völker. – Dagegen bleibt wohl festzuhalten: Christen sollten Zeugnis ablegen für das, was sie – etwa im Sinne oben beschriebener Mission – als wahr erkannt haben. Die *Ökumene*, die amerikanische Bürgerrechtsbewegung und *Brot für die Welt* sind wohl positive Beispiele christlichen Sendungsbewusstseins.

Frage 64

Ist Musik für den Glauben wichtig?

Es gibt einen Musiker, dem man den Titel *fünfter Evangelist* gegeben hat. In der Bibel finden wir zwar nur vier. Doch 1.700 Jahre nach Christus lebte ein Komponist, der diesen Titel zu Recht trägt: Johann Sebastian Bach (1685-

1750). Hunderttausende spielen und singen allein in Deutschland regelmäßig seine Musik, ob als Profimusiker oder begeisterte Laien in vielen tausend Kantoreien und Chören.

Am Anfang war das Wort, so beginnt das Johannesevangelium. Man darf da Zweifel haben. War am Anfang nicht zuerst der Klang, der Gesang, das Wiegenlied? *Schläft nicht zuerst ein* Lied *in allen Dingen, die da träumen fort und fort? Und hebt die Welt nicht an zu singen, triffst du nur das Zauberwort?* (Eichendorff) – J. S. Bach vermag wie andere Musiker Türen zu öffnen für einen Gott, der buchstäblich in der Luft liegt und uns über das Ohr erreicht. Seine Wirkung ist überragend. *Es gibt nichts, was uns Erdenbürgern des 21. Jahrhunderts zärtlicher helfen könnte.* So urteilt der Musikkritiker Joachim Kaiser über Bachs Musik. In Bachs persönlicher Bibel findet sich die handschriftliche Notiz: *Bey einer andächtigen Musique ist allezeit Gott mit seiner Gnadengegenwart.*

Auch der am meisten gehörte Text des Neuen Testaments ist voll Musik. *Alsbald war bei dem Engel die Menge der himmlischen Heerscharen, die lobten Gott und sprachen: Ehre sei Gott in der Höhe und Friede auf Erden* ... Kann man sich diese Szene aus dem Weihnachtsevangelium (Lukas 2) anders als gesungen vorstellen?

Frage 65

Ist **Mystik** eine christliche Modeerscheinung?

Nein, eher ist es die Wiederentdeckung einer verschütteten Tradition, die es auch in anderen Religionen gibt. Die Mystik rüttelt an autoritären Strukturen und starren Dogmen und wird deshalb von manchen fundamentalistischen Kreisen als bedrohlich erlebt. Auch der Islam hat eine lebendige mystische Tradition, den Sufismus. Der katholische Theologe Karl Rahner hat mal den Satz geprägt: *Der Christ der Zukunft wird Mystiker sein, oder er wird nicht sein. Mystik* stammt aus dem Griechischen, das Wort *myein* bedeutet *die Augen schließen.* Es geht darum, abzuschalten, umzuschalten und wach zu werden für das, was in der Tiefenschicht unseres Seins atmet und wirkt. Meditationen können helfen, sich zu öffnen für göttliche Einfälle, Eingebungen, womöglich Erleuchtungen.

Selig sind, die reinen Herzens sind, denn sie werden Gott schauen, sagt Jesus. Mystik kann man in bestimmtem Maße erlernen in Stille-, Atem- und Klangübungen. In Gerhard Tersteegens Lied *Gott ist gegenwärtig* aus dem 18. Jahrhundert heißt es im Evangelischen Gesangbuch: *Luft, die alles füllet, drin wir immer schweben, aller Dinge Grund und Leben, Meer ohn Grund und Ende, Wunder aller Wunder: Ich senk mich in dich hinunter. Ich in dir, du in mir, lass mich ganz verschwinden, dich nur sehn und finden.*

Das ist schon fast eine Definition: Mystik = Sich verlassen und ins DU versenken, mit dem Göttlichen eins werden. Hat das nicht Jesus auch getan, als er den fast buddhistisch anmutenden Satz prägte: *Ich und der Vater sind eins* (Johannes 10,30)?

Frage 66

Ist **Nachfolge** ein erstrebenswertes Lebenskonzept?

Der öffentliche Auftritt Jesu beginnt damit, dass er gezielt einzelne Menschen anspricht und sie auffordert: *Folget mir nach!* Immer wieder lassen bis zum heutigen Tag Menschen ihr bisheriges Leben los und folgen diesem Ruf, einer inneren Stimme oder Berufung gehorchend. Doch Wachsamkeit ist angesagt: Mancher wirft sich auch einem Sektenführer in die Arme. Dagegen fordert Jesus keine Unterwerfung. Manche, die ihm folgen wollen, schickt Jesus ausdrücklich zurück. Nicht für alle ist das Gleiche gut. Ich erkenne ein Muster: Ehemals Ausgegrenzten und Entwurzelten gibt Jesus wieder Boden unter die Füße – und schickt sie zurück in ihr altes Lebensumfeld. Anderen, die verwurzelt, ja gefangen sind in ihrem Beruf und den familiären Banden, die löst Jesus heraus.

Vielleicht passiert Nachfolge, wo Menschen ein frustrierendes Leben hinter sich lassen und neue Wurzeln finden, die fruchten. Der Ruf zur Nachfolge könnte lauten, sich der eigenen Berufung zu öffnen. Folge mir nach! könnte bedeuten: Löse dich aus Selbstverkrümmung und Demütigung. Vielleicht wollte Jesus einfach die Glut unter der Asche neu entfachen: *Ich bin gekommen, ein Feuer auf Erden anzuzünden. Was wollte ich lieber, als es brennte schon!* (Lukas 12,49).

Frage 67

Kann man Gott auch in der **Natur** finden?

Natur kommt vom lateinischen *natura* und bedeutet Geburt. Die Natur gebiert uns. Insofern ist es nicht verkehrt, von Mutter Erde zu sprechen, aus der unsere Sinne Kraft ziehen. Im Schöpfungsbericht der Bibel heißt es: *Die Erde bringe hervor Gras und Kraut.* Das ist ein kühner Gedanke. Denn hier wird die Erde als lebendiges Wesen gesehen. Sie war und ist nie einfach toter Stoff. Mutter und Materie haben die gleiche sprachliche Wurzel.

Wenn es später im Schöpfungsbericht im Plural heißt: *Lasst uns den Menschen machen*, könnte das ein Hinweis sein darauf, dass Gott uns hervorbringt im Zusammenspiel mit der Natur. Uns aber zugleich über sie hinaus entwirft. Wir gehen nicht auf in der Natur. Wir sind nicht nur von dieser Welt. Es heißt weiter im Schöpfungsbericht, Gott habe Mann und Frau geschaffen nach seinem Bilde. Ein Rätselwort. Denn das Bild ist ja noch nicht erschienen. Gott bildet sich uns noch immer ein. Er bildet sich noch immer aus uns heraus. Also transzendieren wir, wir überschreiten den Kreislauf von Werden und Vergehen. Da wirkt, da nagt, da fragt noch eine andere Kraft an uns, zeitlebens: Woher, Wohin und Wozu.

Trotzdem, wer aufmerksam und achtsam genug ist und in der Natur nach Gott sucht, ist auf einer guten Spur. Die christliche Mystik, die Gott nicht in Lehrsätzen, sondern in Erfahrungen suchte, wusste das, wenn sie sagte: *Gott schläft im Stein, Gott atmet in der Pflanze, Gott träumt im Tier und Gott erwacht* (bzw. kommt zu Bewusstsein) *im Menschen.*

Frage 68

Was kann aus Nazareth schon Gutes kommen?

So haben vor knapp 2.000 Jahren die Leute gefragt und damit die Legitimation Jesu in Frage gestellt. Daran besteht kaum ein Zweifel: Jesus stammt aus der galiläischen Stadt Nazareth, am Nordufer des Sees Genezareth hat die von ihm ausgehende Bewegung ihr Zentrum. Die im Norden Israels gelegene Provinz Galiläa hatte – zumindest aus Jerusalemer Perspektive – keinen guten Ruf. Galiläa wurde nicht nur wegen seiner nicht-jüdischen Minderheit als »heidnisch« diskriminiert, sondern galt auch, nicht zuletzt wegen des starken sozialen Gefälles, politisch als Unruheregion. Dazu passt: In Jesu Jüngerkreis befanden sich Zeloten oder zumindest Sympathisanten der antirömischen Freiheitskämpfer, einige Jünger waren bewaffnet (Lukas 22,38). Judas hat den Beinamen Ischariot, was so viel wie »Messerträger« bedeutet. Spätestens bei seinem Prozess in Jerusalem spielt Jesu Herkunft wieder eine Rolle, denn er wird als politisch gefährlicher Prophet aus Galiläa verurteilt.

Mit der »unangemessenen« Herkunft Jesu haben die ersten Christen Probleme: Jesus könne gar nicht der Messias sein, so wird ihnen entgegengehalten, weil der Messias aus *Bethlehem* kommen müsse (vgl. Micha 5,1). So entstand die Bethlehemtradition: Allerdings wissen nur zwei der vier Evangelisten (Lukas und Matthäus) von Jesu Geburt in Bethlehem zu berichten.

Frage 69

Hat
Ökumene
etwas mit Globalisierung
zu tun?

Es gibt Worte, die klingen so ähnlich, dass sie immer wieder verwechselt werden. Was ist der Unterschied zwischen ökumenisch, ökologisch und ökonomisch? In all diesen Begriffen steckt das griechische Wort *oikos*, und das bedeutet schlichtweg »Haus«, allerdings auch im übertragenen Sinn. Ein Ökonom ist einer, der gut haushalten und wirtschaften kann mit den Ressourcen einer Stadt, eines Landes etc. Ein Ökologe hat den Haushalt der gesamten Natur im Blick und achtet darauf, dass in diesem Bereich nichts aus dem Gleichgewicht gerät.

Die Ökumene dagegen ist das älteste www = world wide web – ein weltweites Netzwerk kirchlicher Zusammenarbeit. Seit 100 Jahren gibt es ökumenische Konferenzen, 1948 wurde in Amsterdam der Ökumenische Rat der Kirchen (ÖRK) gegründet, in dem über 200 verschiedene Kirchen vertreten sind – allerdings nicht die römisch-katholische Kirche. Genf ist Hauptsitz des Weltkirchenrates.

Dort werden viele gemeinsame Initiativen vorbereitet und gebündelt, zum Beispiel Programme zum Kampf für die Menschenrechte. Bekannt und heftig umstritten war in den 70er Jahren des letzten Jahrhunderts das *Anti-Rassismus-Programm*. Auch humanitäre Hilfsprogramme werden in Genf koordiniert. Im Zuge der wirtschaftlichen Globalisierung drohen immer mehr Kulturen unter dem Diktat der Ökonomie ihre Identität zu verlieren. Die Ökumene dagegen hat Globalisierung immer schon anders verstanden und praktiziert, nämlich als Versuch, a) zwischen armen und reichen Kirchen einen gerechten Ausgleich zu finden, b) die faszinierende Vielfalt der Kirchen und ihrer Traditionen zu erhalten und c) zugleich die Gemeinsamkeit des christlichen Bekenntnisses weiterzuentwickeln und zu bestimmten Herausforderungen der Zeit weltweit mit einer Stimme zu sprechen.

Frage 70

Ist **Ostern** das Gegenteil von einem Western?

In einem Kalauer von Lothar Zenetti heißt es: *Ich war im Kino: / Blutüberströmt / fertiggemacht / fiel einer um / als letzter von allen – / das war ein Western! / Ich war*

in der Kirche: / Blutüberströmt / fertiggemacht / stand
einer auf / als erster von allen – / das war ein Ostern!

Ostern meint also das Fest der Auferstehung Jesu. Es
wird immer am Sonntag nach dem ersten Vollmond nach
dem kalendarischen Frühlingsbeginn gefeiert. Diese Datierung ist schon ein Hinweis auf die Bedeutung des Wortes
Ostern: Es ist germanischen Ursprungs und geht auf ein
heidnisches Frühlingsfest zurück. Die Göttin, die die Tore
der Finsternis öffnet und das Tageslicht heraufführt, ist in
altenglischen Texten mit *Eostrae* überliefert und mit der
lateinischen *Aurora* (Morgenröte) verwandt. Die meisten
Kirchen sind daher nach Osten ausgerichtet, zum Son-
nenaufgang hin. So findet der Glaube, dass die Ketten des
Todes gesprengt sind und der Tod seinen Stachel verloren
hat (vgl. 1. Korinther 15,54ff.), einen Anhaltspunkt in der
Natur.

Übrigens: Wo in der Bibel von Ostern oder dem Oster-
lamm die Rede ist, da steht im Urtext das Wort Pessach,
das an das jüdische Passahfest erinnert. Es bedeutet in
etwa »vorübergehen«: Der Todesengel verschont die Häuser derer, die die Türpfosten mit dem Blut des Lammes gezeichnet haben. Und damit wird für die Israeliten der Weg
frei für den Auszug aus Knechtschaft und Sklaverei.

Gab es das **Paradies** wirklich?

Das Paradies und der Garten Eden sind auch in nachchristlicher Zeit keine Unbekannten. Man braucht sich nur umzuschauen: Vom Kinder- und Spielparadies übers Bade- und Urlaubsparadies ist alles zu haben. Ein Reiseveranstalter warb für eine Flugreise: *Adam und Eva wurden aus dem Paradies vertrieben. Wir fliegen Sie jeden Tag hin.*

Das Wort Paradies ist unserem *Park* verwandt und meint einen eingezäunten Bezirk. Doch ist das Ganze mehr als ein Traumbild und Sehnsuchtspotenzial, mit dem Geld verdient wird?

Das Paradies ist ein Archetyp, das heißt, es erinnert und spiegelt eine menschliche Urerfahrung: Am Ursprung unseres Lebens gab es einen Ort der Geborgenheit und Glückseligkeit – im Mutterleib oder gar vorher. Doch mit unserem *In-die-Welt-Treten* wurden wir aus dieser Sphäre vertrieben. Mit der Austreibungsphase bei unserer Geburt werden wir hinausgedrängt in eine unwirtliche Welt. Die Bibel erzählt, dass Gott – wie eine fürsorgliche Mutter – den *Ausgetriebenen* wärmende Felle anzieht (siehe 1. Mose 3,21). Doch so sehr unsere Eltern sich auch bemühen, den ursprünglichen Zustand der Geborgenheit zu verlängern: Früher oder später endet auch eine paradiesische Kindheit.

Je älter wir werden, desto bewusster wird uns: Wir leben jenseits von Eden. Der Weg zurück ist uns versperrt. Leben bedeutet Arbeit, oft genug im Schweiße unseres Angesichts gilt es, die Erde bewohnbar zu machen. Und so viel wir auch vom Baum der Erkenntnis essen, uns überkommt immer wieder Scham über unsere Nacktheit. Schmerz und Leid bleiben uns nicht erspart. Und eines ist gewiss: Wir müssen sterben. Wir kommen aus der Nähe Gottes. Doch wir erleben einen Bruch und eine tiefe Entfremdung. All das erzählt die Bibel in der Paradiesgeschichte.

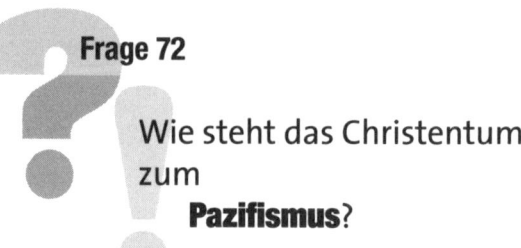

Frage 72

Wie steht das Christentum zum **Pazifismus**?

Leider wurden im Namen des Christentums schon so viele Kriege geführt oder gutgeheißen oder es wurden Waffen gesegnet, so dass man es kaum glauben mag: Der Pazifismus ist tatsächlich ein Herzstück der Verkündigung Jesu. Das Wort selbst, da lateinischen Ursprungs, taucht auf in der Vulgata, der lateinischen Bibelübersetzung. Gleich zu Beginn der Bergpredigt, in den sogenannten Seligpreisungen, findet sich der Kernsatz: *Glückselig sind die Pazifisten* (pacem facere = Frieden machen), *denn sie werden Gottes Kinder heißen*. An der Bereitschaft und Fähigkeit, Frieden zu stiften, werden wir also nach Jesu Ansicht identifizierbar als Gottes Söhne und Töchter.

Dass Friede und Gerechtigkeit einander küssen (Psalm 85), ist ein uralter biblischer Traum, und wo immer etwas von der Realisierung dieses Traumes sichtbar wird, da ist Gottes Reich erfahrbar. In Jesus scheint die Weissagung der Propheten Jesaja (2,4) und Micha (4,3ff.) lebendig, die übereinstimmend eine Vision teilen: *Eines Tages werden die Völker zum Berge Zion hinaufziehen und sie werden ihre Schwerter zu Pflugscharen und ihre Spieße zu Sicheln umschmieden und sie werden das Kriegshandwerk nicht mehr lernen.*

Solche Bibelstellen beflügeln immer wieder den Menschheitstraum von Abrüstung und Rüstungskonversion und haben manchen Gospelsong inspiriert: *I am going to lay down my sword and shield down by the riverside and I ain't gonna study war no more ...*

Immer wieder streiten Christen darüber, ob man mit der Bergpredigt reale Politik machen kann – und wie prinzipiell denn der Pazifismus gemeint sei. Den deutschen Faschismus hätte man kaum mit friedlichen Mitteln besiegen können. Und sei nicht auch bewaffneter Widerstand gegen ein Unrechtsregime legitim, ja sogar christlich geboten, z. B. damals gegen die Apartheid in Südafrika? Und muss man nicht mörderische Banden mit Waffengewalt stoppen, um sie an Völkermorden zu hindern?

Dietrich Bonhoeffer, der Pfarrer und Widerständler gegen Hitler, sagte einmal: Es kann Situationen geben, wo man nicht nur die Opfer unter dem Rad verbinden, sondern dem Rad selbst in die Speichen fallen muss.

Was bedeutet
Pfingsten?

Neben Weihnachten und Ostern ist Pfingsten das dritte große christliche Fest in unserem Kalender, dem zumindest in Deutschland noch ein zweiter Feiertag zugebilligt wird. Im englischen Sprachraum gibt es die »pentacostal churches«, und damit sind wir an der griechischen Wurzel des Wortes Pfingsten. *Pente coste* ist »der fünfzigste«, gemeint ist der 50. Tag nach Ostern. Da kommt es, wie die Apostelgeschichte des Lukas im 2. Kapitel berichtet, zum Wunder der Ausgießung des heiligen Geistes. Ein göttlicher Funke springt über, Menschen sind Feuer und Flamme – viele Bilder aus der Kunstgeschichte zeigen entflammte Köpfe. Die vom Pfingstgeist Ergriffenen sind mit einer unglaublichen Kommunikationsfähigkeit und Empathie begabt: Man versteht sich über Kultur- und Sprachgrenzen hinweg. Viele stehen allerdings daneben und halten die ganze Veranstaltung für ein Trinkgelage. Von außen betrachtet scheint es schwer zu unterscheiden, ob nun der Alkohol die Zunge löst oder tatsächlich ein göttlicher Funke. Esprit, Sprit, Spirituosen, Spiritualität – all diese Geist-verwandten Worte haben dieselbe sprachliche Wurzel.

Vielleicht kann man Pfingsten so verstehen: Auf den Schock von Karfreitag folgt eine 50-tägige Latenzphase – eine Zeit, in der sich die Anhänger Jesu verstecken, erstarrt und verschlossen sind wie ein Kokon. Erst nach dieser Phase lösen sich Angst und Lähmung. Sie werden ergriffen von einer Auferstehungskraft, die sie ins Freie treibt – und in neue Lebensformen. Man spricht vom christlichen Ur-kommunismus, denn sie hatten alle Dinge gemeinsam und teilten ihre Güter aus an alle, *je nachdem einer in Not war* (Apostelgeschichte 2). Pfingsten erinnert an eine inspirie-rende Geburtsstunde der Kirche.

Frage 74

Ist der
Psalm
vom *Guten Hirten*
nicht eine Zumutung?

Es ist verbreitetes Vorurteil, dass der biblische Glaube den Menschen entmündigt und klein macht. Wenn Jesus sich als *Guten Hirten* (Johannes 10,11) bezeichnet, ist der Gedanke nicht fern, dass dann seine Nachfolger Schafe sein müssen. Und wer will das schon sein? Das Bild, das Jesus gebraucht, erinnert an den bekanntesten der insgesamt 150 Psalmen. Psalmen sind Gebete, Meditationen, Zwiespra-chen mit Gott, die auch weit mehr als 2.000 Jahren noch im-mer in Synagogen, Kirchen und Klöstern rezitiert werden.

Wer den *23. Psalm* (viele Zeitgenossen kennen ihn aus Filmen, wo er meistens in Beerdigungsszenen vorkommt) in seinen Bildern bedenkt, macht eine vielleicht überraschende Entdeckung. Wie auf einer Lebensreise entfalten sich verschiedene Perspektiven. Es beginnt tatsächlich bevormundend, um nicht zu sagend bemutternd, man ist hilfsbedürftig, wie es Kinder sind: *Der Herr ist mein Hirte, mir wird nichts mangeln.* Der Beter wird wie ein Schaf geführt *zum frischen Wasser, auf die grüne Aue,* also auf saftige Wiesen. Es geht weiter *auf rechter Straße um seines Namens willen* – jemand, der größer ist, verbürgt sich für mich, steht für mich ein. Doch dann kommt die Krise: Das *finstere Tal*, die Todschattenschlucht, wie Martin Buber übersetzt. Aus dem Guten Hirten ist im Laufe der Zeit der Wegbegleiter, der *Du bist bei mir* geworden. Gott als *Du bist bei mir*! Der Philosoph Immanuel Kant hat dies die vier tröstlichsten Worte der Weltgeschichte genannt. Auch das Ich des Psalms hat sich verändert, es ist erwachsen geworden. Und schon lange kein Schaf mehr. Denn ihm wird der Tisch gedeckt *im Angesicht meiner Feinde.* Aus dem mitgehenden Gott ist ein guter Gastgeber geworden, der *voll einschenkt.* Und das ist noch nicht alles: Am Ende *salbst du mein Haupt mit Öl* – wem außer Königen wird diese Ehre zuteil! Man kann sehen: Der Psalm beschreibt einen Entwicklungs- und Reifungsprozess: Im Vertrauen auf den *Guten Hirten* entwickelt sich der Mensch und wächst über sich selber hinaus. Um schließlich *zu bleiben im Hause des HERRN immerdar.*

Frage 75

Was verbirgt sich hinter der **Rechtfertigungslehre**?

In einem Satz gesagt: Vor Gott zählt der Glaube, also das Vertrauen in Gottes Güte, und nicht mein Gutsein und meine guten Werke. Und doch ist es ja nicht gleichgültig, was wir aus unserem Leben machen – hat doch Jesus im Gleichnis vom großen Weltgericht (Matthäus 25) eindringlich zur Solidarität mit den Mitmenschen gemahnt! Immer schon quälte Menschen die Sorge, mit dem eigenen Leben vor Gott nicht bestehen zu können, Gott niemals *gerecht* (daher der Begriff *Rechtfertigung*) zu werden. Die Angst vor einem strafenden Gott machte sich die Kirche zunutze:

Wenn das Geld im Kasten klingt, die Seele in den Himmel springt – mit dieser Parole zogen zu Beginn des 16. Jahrhunderts die päpstlichen Gesandten durch die deutschen Lande und machten den Leuten Angst vor der ewigen Höllenqual. Und verdienten daran. Der Ablasshandel blühte. Die Kirche machte die Leute glauben, man könne sich von seinen Sünden bei Gott loskaufen. Martin Luther protestierte gegen diese Praxis. (Später bekam die von ihm ausgelöste Reformbewegung deshalb den Namen *Die Protestanten*).

Doch auch Luther quälte die Frage, womit er sich und seine Existenz rechtfertigen könnte. Wie würde er einen gnädigen Gott bekommen angesichts der Selbsterkenntnis, dem Mitmenschen und erst recht Gott etwas schuldig zu bleiben? Diese Frage trieb ihn beinahe in den Wahnsinn. Bis ihm die Augen aufgingen und er die Bibel neu verstand. *Von Gottes Gnade bin ich, was ich bin* – das schrieb schon der Apostel Paulus (1. Korinther 15,10). Und stellte nicht Jesus Kinder in die Mitte, um zu zeigen, wie man das Reich Gottes empfangen soll? Nämlich mit leeren Händen! Besonders ein Zitat des Paulus im Römerbrief (1,17) wird für Luther zum Schlüsselerlebnis: *Der Gerechte wird aus Glauben leben.*

Ein Grundgedanke dieser *Rechtfertigungslehre* ist aktuell bis heute: Das Leben ist geschenkt. Gratis. Amazing grace. Wir müssen es uns nicht erst verdienen. Ich muss auch kein Karma (eine Schuld aus einem vorherigen Leben) abarbeiten. Gott nimmt mich, wie ich bin. Diese Perspektive verändert alles, auch mich. – Noch heute hat diese reformatorische Erkenntnis, die letztlich zur Kirchenspaltung führte, einen eigenen Gedenktag im Kalender: Am 31. Oktober ist Reformationstag.

Frage 76

Stimmt es, dass der Regenbogen an ein Bündnis erinnert?

Ja, so erzählt es die Bibel. Jedes Mal, wenn er nach einem Regen am Himmel erscheint, erinnert er daran, dass Gott den Menschen verbunden ist, mehr noch, mit der ganzen Schöpfung – inklusive Tiere! – im Bunde ist. Der Regenbogen ist das sichtbare Zeichen des Bundes, den Gott nach der großen Flut mit Noah schloss. In 1. Mose 6-9 kann man die erstaunliche Geschichte eines göttlichen Sinneswandels nachlesen:

Wie die meisten Mythen der Völker, so überliefert auch die Bibel die Geschichte von einer furchtbaren Menschheitskatastrophe. Eine gewaltige Sintflut rafft alles Leben hinweg. Nur ein Mann namens Noah überlebt das Unglück, mit seiner Familie und einer Unzahl von Tieren, in einer selbstgebauten Arche (1. Mose 6-9).

Kein blindes Schicksal hatte hier zugeschlagen, sondern – so deutet die Bibel das Geschehen – ein göttliches Strafgericht: Himmlische Heerscharen – so die Vorstellung – schossen mit Pfeil und Bogen Blitze zur Erde und lösten so ein nicht endendes Unwetter aus. Fast alles wurde zerstört, das Vertrauen in die Güte des Lebens erschüttert.

Bei dieser Deutung mochten die unbekannten Verfasser der Sintflutgeschichte aber nicht stehen bleiben. Sie gaben der Naturkatastrophe und Gottes Wirken darin einen komplett neuen Sinn. Wurde anfangs noch die Sint-flut mit der menschlichen Bosheit begründet, so setzt sich am Schluss bei Gott die Einsicht durch, dass Strafgerichte keine erzieherische Wirkung haben: Die Menschen sind nun mal, wie sie sind, zu allem Bösen fähig. Der kühne Ge-danke der Bibel ist also: Gott wandelt sich und denkt um. Und um sich nicht noch einmal zu vergessen, rüstet er ab und stellt – sich selbst zur Mahnung! – den Kriegsbogen als freundlichen Friedensbogen in die Wolken, sobald sich Unwetter zusammenbrauen. So wurde das schöne Farben-spiel aus Sonnenlicht und Wasser zum Symbol eines Frie-densbundes. Gott steht für alle Zeit zu seiner Schöpfung. Allen gegenteiligen Erfahrungen zum Trotz wird so in der Bibel gleich zu Anfang der Glaube verankert, dass Gott Gutes mit der Menschheit im Schilde führt.

Frage 77

Was meint Jesus mit dem Reich Gottes?

Wenn ich mit dem Finger Gottes die Dämonen aus-treibe, dann ist das Reich Gottes zu euch gekommen – so beschreibt es Jesus (Lukas 11,20). Er meint also die Be-freiung von Mächten, die einen Menschen psychisch und körperlich lähmen. Zur Zeit Jesu beherrschten die Römer das Land. Die äußere *Besatzung* schlug sich nieder in der Psyche vieler Menschen, die man für *besessen* hielt von Dämonen und bösen Geistern. Markus erzählt (Kapitel 5), dass die fremde Macht, der sich ein Mann ausgeliefert fühlt, den römischen Namen *Legion* trägt. Jesus nun tritt an mit einer ganz anderen Zeitansage. Seine erste öffentliche Rede beginnt mit den Worten: *Die Zeit ist erfüllt, sie ist reif und sie ist da: das Reich Gottes ist herbeigekommen* (Markus 1,15). Womöglich geht diese Überzeugung auf eine Vision Jesu zurück. *Ich sah den Satan wie einen Blitz vom Himmel fallen*, heißt es bei Lukas (10,18).

Jesus hatte offensichtlich die Gabe, Menschen aus Besessenheit zu lösen. Das war für ihn und seine Anhänger sichtbarer Ausdruck eines Herrschaftswechsels. Nicht mehr der »Teufel« ritt die Welt, sondern Gottes Reich und Reichtum begannen sich unter den Menschen zu entfalten. Als Johannes der Täufer aus dem Gefängnis anfragen lässt, ob Jesus tatsächlich der sei, mit dem Gottes Reich anbreche, bekommt er zur Antwort: *Meldet Johannes, was ihr gehört und gesehen habt: Blinde sehen, Lahme gehen, Aussätzige werden rein, Taube hören, Tote stehen auf, Arme atmen auf, ihnen wird frohe Botschaft verkündet* (Lukas 7,22f.).

Reich Gottes – das bedeutet also für Jesus, dass Gottes Güte Menschen neu auf den Weg bringt.

Er vergleicht das Reich Gottes mit dem Sauerteig oder einem Senfkorn: Zunächst unscheinbar, breitet es sich doch von innen her aus und gewinnt langsam Raum und Einfluss. Darum sollte man nicht aufhören, um sein Kommen zu beten, wie es im *Vaterunser* geschieht: *Dein Reich komme.*

Frage 78

Was kann uns heute die Schöpfungsgeschichte noch sagen?

Die Schöpfungsgeschichte ist ein Poem, eine kunstvolle Dichtung, entstanden im babylonischen Exil im 5. vorchristlichen Jahrhundert. Zugleich ist sie ein Versuch, im fremden kulturellen Umfeld die eigene religiöse Identität zu bewahren. Und in gewisser Weise war die erste Seite unserer heutigen Bibel (1. Mose 1) ein Aufklärungsprogramm: Denn für die Juden waren Sonne, Mond und Sterne keine Götter, sondern schlichtweg Lampen am Firmament. Trotz dieses relativen Fortschritts ist das naturwissenschaftliche Weltbild dieses Schöpfungsberichts natürlich völlig überholt. Die Erde ist darin eine Scheibe, der Himmel ein Gewölbe, hinter dem die Wasserfluten gebannt sind etc. Doch auch wir bewegen uns mit unserer Sprache immer noch in einer Welt, in der sich die Sonne um die Erde dreht: Was wäre ein Tag ohne einen schönen »Sonnenuntergang«?

Das Poem von der Schöpfung der Welt ist nicht nur kunstvoll in seinem Aufbau, sondern auch klug. Dass die

Erde alles Leben hervorbringt, dass der Mensch entwicklungsgeschichtlich auf einer Stufe mit den Landtieren gesehen wird – kurz: dass vieles evolutionsgeschichtlich stimmt, ist das eine. Noch interessanter ist, dass der Mensch mehr ist als ein Ergebnis der Evolution. Er wird als Ebenbild Gottes gesehen. Diese Aussage verleiht dem Menschen etwas Heiliges, und das hat Konsequenzen – bis in unser deutsches Grundgesetz hinein, worin als höchster Grundsatz formuliert wird: *Die Würde des Menschen ist unantastbar.* Die Krone der Schöpfung ist der Mensch deshalb nicht. Der 7. Tag, der Sabbat, wird dazu erkoren. Sabbat heißt Aufhören. Ein guter Tipp bis heute: einen Tag in der Woche freihalten – als schöpferische Pause, zum Durchatmen und Danken.

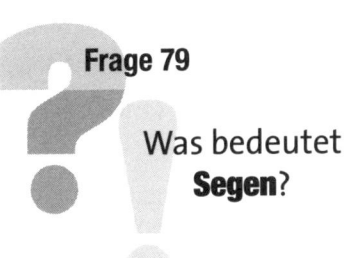

Frage 79

Was bedeutet **Segen**?

Wir kennen alle das kindliche Trostpflaster *Heile, heile Segen, drei Tage Regen, drei Tage Sonnenschein, wird schon wieder besser sein.* Neben dem wirklichen Pflaster für das aufgeschlagene Knie ist diese zärtliche Geste des Mitgefühls und der Beruhigung wichtig für das Kind, um wieder ins seelische Gleichgewicht zu kommen. Die

Welt wird wieder gut sein – und sie war es von Anfang an. Das ist auch die Botschaft des Segens, der am Schluss jedes Gottesdienstes gesprochen wird. Weil ursprünglich Aaron beauftragt wurde, das Volk Israel mit diesen Worten zu segnen, heißt er auch der aaronitische Segen (4. Mose 2,24-26): *Der HERR segne dich und behüte dich; der HERR lasse sein Angesicht leuchten über dir und sei dir gnädig; der HERR hebe sein Angesicht auf dich und gebe dir Frieden.* Hier ist von einem Gott die Rede, der nicht mit Blicken kontrolliert oder straft, sondern der den Menschen gut ist. *Benediktion*, das lateinische Wort für Segen, heißt *Gutsagen, etwas gutheißen*, etwas mit Güte und Freundlichkeit ansehen. So war es am siebten Tag der Schöpfungsgeschichte: *Und Gott segnete sie ... und sah an alles, was er gemacht hatte, und siehe, es war sehr gut* (1. Mose 1, 28.31). Und so soll es immer wieder sein, weshalb der Segen an Abraham durch die Generationen weitergereicht wird als Tauf- oder Konfirmationsspruch: *Ich will dich segnen; und du sollst ein Segen sein* (1. Mose 12,2). Einander segnen bewirkt zweierlei: Es entgiftet menschliches Zusammenleben, weil *benedicere* ja auch besagt, *dass wir unsern Nächsten ... entschuldigen, Gutes von ihm reden und alles zum Besten kehren* (Martin Luther). Und es entkrampft den, der segnet. Denn wer segnet, weiß, dass er nicht alles selber tun kann und muss, sondern getrost sein Tun und Lassen Gott anvertrauen kann.

Frage 80

Sind die
Seligpreisungen
ein Beitrag für eine
christliche Leitkultur?

Sie finden sich gleich zu Beginn der Bergpredigt (Matthäus 5). Sie sind Jesu Anleitung, die Welt aus einem neuen Blickwinkel zu sehen – und entsprechend zu handeln:

– *Selig sind die Armen im Geiste, ihrer ist das Himmelreich.*

– *Selig sind die Leidtragenden, denn sie werden getröstet werden.*

– *Selig sind die Sanftmütigen, denn sie werden das Erdreich besitzen.*

– *Selig, die hungern und dürsten nach Gerechtigkeit, denn sie sollen satt werden.*

– *Selig die Barmherzigen, denn sie werden Erbarmen finden.*

– *Selig die im Herzen Reinen, denn sie werden Gott schauen.*

– *Selig die Friedensstifter, denn sie werden Gottes Söhne und Töchter heißen.*

– *Selig, die verfolgt werden um der Gerechtigkeit willen, denn ihnen gehört das Himmelreich.*

Acht Facetten menschlicher Existenz und Verhaltensmöglichkeiten werden benannt – und hoch gelobt, mehr noch, von Jesus in den Stand der Glückseligkeit gehoben.

Nicht die Schönen und Reichen sieht Jesus auf dem Sie-
gertreppchen, sondern die Verlierer und die, die in ge-
sellschaftlichen Prozessen oft Minderheitspositionen ver-
fechten. Das ist wahrhaftig ein Kontrastprogramm, wie es
pointierter nicht ausfallen könnte, aktuell in einer Zeit, wo
schon ein Kind in der Turnhalle singt: *We are the champi-
ons, there is no time for loosers.* Ganz anders die Lebens-
melodie Jesu, der acht Strophen lang die Menschen in den
Blick nimmt, die wir lieber übersehen, meiden, belächeln,
bestenfalls bemitleiden oder manchmal auch bewundern.
Da, wo wir normalerweise die Verlierer sehen, also bei den
Armen und Leidtragenden, bei den Sanftmütigen, bei den
Barmherzigen und den um Herzensklarheit Bemühten, bei
den um Gerechtigkeit, Frieden und Wahrheit Ringenden,
bei all diesen Menschen sieht Jesus Licht und Trost und
Gottes Nähe. Wer zuletzt lacht, lacht am besten, sagen wir.
Für Jesus gibt es keinen Zweifel, wer am Ende die Lachen-
den sein werden.

Jesus macht mit den Seligpreisungen aufhorchen, gerade weil er unsere Alltagserfahrung gegen den Strich bürs-
tet. Er schlägt aus dem Berg der Verzweiflung den Stein
der Hoffnung. So hat das einmal Martin Luther King, der
Kopf der amerikanischen Bürgerrechtsbewegung, gesagt.

Frage 81

Warum ist Christen der **Sonntag** heilig?

Weil der Mensch ohne einen *Sabbat*, ohne einen freien Wochentag, Schaden nimmt an seiner Seele, kurz: aus dem seelischen Gleichgewicht gerät. Das Grundgesetz schützt Sonntage ausdrücklich als *Tage der seelischen Erhebung*. Umgangssprachlich heißt das: Jeder Mensch braucht stressfreie Zeiten, in denen er einfach die Seele baumeln lassen kann. Wer nur damit beschäftigt ist, sich selbst zu behaupten, verliert sich. So dachte auch Jesus: *Denn was hilft es dem Menschen, wenn er die ganze Welt gewinnt, und nimmt doch Schaden an seiner Seele?* (Markus 8,37)

Doch braucht es dafür einen gesetzlichen Feiertag? So fragen viele im Zeitalter der Flexibilisierung von Arbeitszeiten. Nicht nur die Wirtschaft und der Handel, sondern auch viele Konsumenten fordern die völlige Freigabe der Ladenöffnungszeiten. Dagegen sperren sich die Kirchen. Aus gutem Grunde, finde ich: Es braucht *gemeinsame* und damit auch Gemeinschaft stiftende Inseln und Festzeiten im Alltag, wo alles zur Ruhe kommen und aufatmen kann. Das erscheint heute auch aus ökologischen Gründen geboten: Wir brauchen tempo- und lärmfreie Zonen, in denen wir nicht *machen*, sondern *lassen*, alles einfach gut sein lassen. Genau darum geht es im vierten Gebot: *Gedenke des Sabbattages, dass du ihn heiligst.* Im hebräischen *Sabbat* klingt an, worum es geht: Loslassen und Aufhören.

Die Bibel gibt zwei Begründungen für die Achtung des freien Tages. Im 2. Buch Mose, Kapitel 20, erinnert sie an Gottes Schöpfungswerk: Am siebten Tag ruhte Gott von all seinen Werken aus, er gönnte sich eine im wahrsten Sinne des Wortes »schöpferische Pause«. Wir sollen es ihm gleichtun. Die zweite Begründung für die Feiertagsruhe steht im 5. Kapitel des 5. Mosebuches. Sie ist sozialethisch und bis heute aktuell. Darin wird das Volk Israel daran erinnert, dass es weiß, was Arbeit und Maloche heißt und welche kostbare und erhaltenswerte Errungenschaft es ist, aus der Knechtschaft im Sklavenhaus Ägypten befreit worden zu sein. Und daraus folgt der arbeitsfreie Tag für alle, für Mensch und für Tier, auch der Fremde im Land soll an diesem Tag eine Ruhepause haben.

Frage 82

Was ist **Spiritualität?**

Die Suche nach Spiritualität ist heute weit verbreitet. Das lateinische Wurzelwort *spirare* heißt schlicht »atmen«, beginnt also beim bewussten Atmen: Im Ausatmen loslassen, im Einatmen kommen lassen, Atem schöpfen und Spannung abgeben, den richtigen Rhythmus finden fürs Anpacken und fürs Los- und Geschehen-Lassen – all das kann man in Atem- und Meditationsübungen lernen. Und dabei auch die Spur Gottes erahnen, den die Bibel den *Gott des lebendigen Atems in allem Fleisch* (4. Mose 27,11) nennt. Ich finde das eine sehr fundamentale biblische Aussage: Gott atmet uns. Weil *spiritus* nicht nur *Atem* und *Wind*, sondern auch *Geist* heißt, kann man es gehaltvoller mit dem lateinischen Fremdwort sagen: Gott *inspiriert* uns. Im Grunde unseres Wesens sind wir damit *konspirative* Wesen. Bei jedem Atemzug *konspirieren* wir mit Gott. Der Philosoph Peter Sloterdijk sagt es so: Es atmet, sobald es überhaupt Atem gibt, zu zweit. Das ist der Sinn der biblischen Rede von Ebenbildlichkeit (Sphären I). Gott schenkt den ersten Atemzug – gleichsam mit einer Mund-zu-Nase-Beatmung, so weiß es der zweite Schöpfungsbericht zu erzählen (1. Mose 2,7). Liegt da nicht der Gedanke nahe, dass er uns mit dem letzten empfängt?

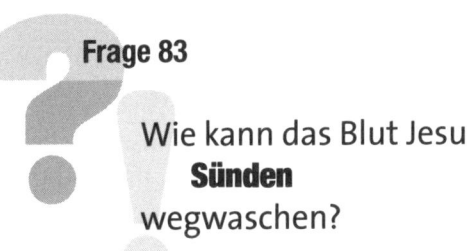

Frage 83

Wie kann das Blut Jesu **Sünden** wegwaschen?

O happy day, when Jesus washed our sins away, so heißt es in einem bekannten, noch immer populären Gospelsong. Wie soll ich mir das vorstellen: Jesus als Sündenwäscherei? Bei jedem *Abendmahl* wird daran erinnert: *Christi Blut – für uns vergossen zur Vergebung unserer Sünden.*

Wie kann Blut reinigen, dazu noch unschuldig vergossenes? Uralte, man sagt: archaische Bräuche haben hier Eingang gefunden ins Christentum und in die spätere Deutung von Jesu Tod. Wie in zahlreichen Naturreligionen, so gibt es auch in der Bibel die Vorstellung, man müsse die Gottheit mit Opfern besänftigen und günstig stimmen. Kaum hat z. B. Noah nach der Sintflut wieder festen Boden unter den Füßen, da opfert er ein paar der geretteten Tiere auf dem schnell errichteten Altar (1. Mose 8). Solche Gewohnheiten werden später von den Propheten scharf kritisiert, z. B. von Amos (5,21ff.): *Ich mag eure Brandopfer nicht riechen.* Nicht Opfer will Gott, sondern Barmherzigkeit – das ist auch Jesu Meinung (Matthäus 9,13).

Doch Jesus wurde selber zum Opfer, zum Sündenbock, wie man es später deutete. Er hielt seinen Kopf hin für andere. Er schien wie das Lamm zu sein, das man am Passahfest schlachtete. Blutete er nicht für uns?, fragten sich viele. Und bedeutet sein Tod nicht, dass er den Zirkel von Gewalt- und Schuldverstrickung beendet, ein für allemal?

Diese Deutung kommt aus der Erkenntnis, dass Leben manchmal nur möglich ist, weil da jemand zur Hingabe bereit ist, notfalls zur Preisgabe des eigenen Lebens. So wurde Jesu Tod als stellvertretend verstanden, er warf sein Leben in die Waagschale für andere.

Frage 84

Was bedeutet
Sündenvergebung?

Viele gerade der frommen Zeitgenossen fanden es eine
unglaubliche Anmaßung, dass Jesus Sünden vergab. Doch
was sind Sünden? Die Wortbedeutung führt auf eine Spur:
Sündige Menschen sind *abgesonderte* Menschen. Bezie-
hungsweise umgekehrt, man sondert Menschen ab. Weil
sie auffällig, krank oder irgendwie anders sind, werden sie
für sündig und unrein erklärt und aus der menschlichen
Gemeinschaft verstoßen.

Heute wissen wir von psychosomatischen Vorgän-
gen, vom Zusammenspiel von Leib und Seele: Wer sich
schlecht fühlt oder auffällt, wird schnell schräg angesehen,
gilt als Sonderling, gerät damit noch mehr ins Abseits,
wird womöglich zum Sündenbock, traut sich nicht mehr,
anderen ins Gesicht zu schauen, verfällt darüber schließlich tatsächlich in Lähmung oder Blindheit oder entwickelt
ein anderes körperliches Symptom. Jesus macht die Trennung der Welt in Reine und Unreine, in Kranke und Gesunde, nicht mit. Aussätzige und damit auch Ausgesetz-
te (von Hautkrankheit u. ä. Befallene mussten außerhalb
wohnen und waren sogar verpflichtet, andere auf Abstand
zu halten) bringt er zurück in die menschliche Gemeinschaft. Er bricht ein Tabu, indem er sie anspricht, berührt,
ihnen in die Augen schaut. Er gab ihnen damit buchstäblich

ihr »Ansehen« und das Gefühl der Würde zurück. Indem er Sünden vergab, hob er einen Bann auf, der auf diesen Menschen lag, und gab demonstrativ zu verstehen: Dein derzeitiges Schicksal ist nicht gottgewollt, vielmehr sagt Gott Ja zu dir. Nichts trennt dich mehr von Gott. Du darfst leben! – Das muss für viele ein derart lösendes und erlösendes Wort gewesen sein, dass sie auch von ihren körperlichen Gebrechen befreit wurden.

Frage 85

Was hat die **Taube** mit dem Heiligen Geist zu tun?

Wenn wir uns auf etwas keinen Reim machen können oder sich keiner zu einem Geschehen bekennen mag, sagen wir manchmal verärgert: Dann war es wohl der Heilige Geist. Keine schmeichelhafte Rolle, die wir der dritten Person in der heiligen *Dreifaltigkeit* zugewiesen haben. Der Heilige Geist steht manchmal für das Unerklärliche und bisweilen auch Unheimliche. Er gehört für manche zu den »Begegnungen der dritten Art«, er ist verwandt mit dem Geisterfahrer oder der Geisterstunde. Beiden Phänomenen weichen wir lieber aus. – Dabei hat er durchaus auch freundliche Gesichter: Ein Gedanke, ein Geistesblitz weht uns an, reißt uns heraus aus grübelnder Geistesabwesenheit. Und weil wir nicht wissen, woher der Einfall kommt, der uns eben angeweht hat, sagen wir halt: Das kam mir gerade als Idee, wie aus heiterem Himmel. Der Geist weht eben, wo er will. *Der Wind weht, wo er will, und du hörst sein Sausen wohl; aber du weißt nicht, woher er kommt und wohin er weht.* So lesen wir im Johannesevangelium (3,8). Eine interessante Beobachtung: im Griechischen (*pneuma*) wie im Hebräischen (*ruach*) und Lateinischen (*spiritus*) wird für Geist, Wind und Atem dasselbe Wort gebraucht. Alles drei flüchtige Elemente, nicht greifbar, nicht beherrschbar. Wenn ich sie festhalten will, entziehen sie sich mir.

Im zweiten Vers der Bibel (1. Mose 1,2) heißt es, dass der Geist Gottes über den Wassern schwebte. Manchmal kommt er herunter. Bei der Taufe Jesu tat sich der Himmel auf, *und er sah den Geist Gottes wie eine Taube herabschweben und über sich kommen* (Matthäus 3,16). So ist das wohl: Manchmal trennt Himmel und Erde nur ein Flügelschlag, und ganz unvermittelt kann uns Gott einfallen, sein Geist anwehen …

Frage 86

Wozu ist die
Taufe
gut?

Die Taufe ist der Ritus, mit dem ein Mensch in die christliche Gemeinde aufgenommen wird. Bei der Handlung wird der Kopf des Täuflings dreimal mit Wasser benetzt, dazu werden die Worte gesprochen: *Ich taufe dich im Namen des Vaters, des Sohnes und des Heiligen Geistes.* So wird der eigene Name symbolisch, zeichenhaft, in einen geheimnisvollen Gottesnamen eingetaucht. Ich gehöre nicht meinen Eltern, ich bin nicht Produkt oder Opfer der Umstände, sondern die Taufe stellt mein Leben in einen weiteren Horizont. Ich darf mich Sohn Gottes, Tochter Gottes nennen.

Das Wort *taufen* kommt von *tauchen* – in manchen Kirchen, z. B. in baptistischen Gemeinden oder bei der russisch-orthodoxen Kirche, geschieht das tatsächlich: Der Täufling wird untergetaucht und »aus der Taufe gehoben« – ein vielfältig deutbares Zeichen für Bedrohung und Bewahrung, für Reinigung und für Neuanfang oder Wiedergeburt. Ursprünglich gab es nur die Erwachsenentaufe – da bekam man mit der Taufe tatsächlich eine neue Identität und einen neuen Namen. Die heute verbreitete Kindertaufe ist auch ein Zeichen dafür, das Kinder Bilder Gottes sind, zu deren Entwicklung die Eltern versprechen, das Beste zu geben. Den Eltern werden bei der Taufe Paten zur Seite gestellt, die ebenfalls versprechen, dem Kind –

wie das englische Wort für Pate sagt – *Godfather* zu sein, also Brücke und Verbindung zu Gott.

Frage 87

Ist der **Teufel** Partner Gottes?

Das Buch Hiob in der hebräischen Bibel berichtet tatsächlich von einem Pakt Gottes mit dem Teufel – eine abgründige Erzählung, die aufzulösen sich Generationen von Schriftstellern und Theologen vergeblich bemühen. Hiob steht dafür, dass die Frage nach dem menschlichen Leid offen bleibt.

Auch im Neuen Testament ist der Teufel eine wichtige Figur. Bevor Jesus erstmals öffentlich auftritt, begegnet er dem Satan und wird von diesem versucht und auf die Probe gestellt. In einer 40-tägigen Wüstenzeit geht Jesus in einer Art Reifungsprozess durch Himmel und Hölle:

Bei der Taufe tut sich der Himmel auf, der Geist Gottes erscheint über ihm wie eine Taube. Doch sofort danach treibt ihn derselbe Geist in die Wüste, wo ihn der Teufel zu reiten versucht. Dabei gewinnt Jesus Klarheit über seinen künftigen Weg (Matthäus 4,1-11; Markus 1,12-13).

Mir scheint, nicht nur aus der Taufe, sondern besonders aus der bestandenen Auseinandersetzung mit dem Teufel gewinnt er seine spätere Ausstrahlungskraft.

Markus, der früheste Evangelist, gebraucht für den Teufel das hebräische Wort *Satan*, was man mit *Ankläger* und *Zerscheiterer* übersetzen kann. Matthäus wählt das aus dem Griechischen stammende, uns wohl vertraute Wort *Diabolos*. Diabolisch bedeutet *durcheinander werfen*.

Solche Lebensphasen kennt wohl jeder, dass man völlig verwirrt und durcheinander ist. Und mancher kennt das Gefühl, *vom Teufel geritten* zu sein. Es ist wohl wichtig, den eigenen dunklen Seiten ins Gesicht zu schauen, um zu einer integren, integrierten Persönlichkeit zu werden – ähnlich wie Jesus es in den Versuchungsgeschichten vorlebt. Nachdem er die Prüfungen der Wüstenzeit bestanden hat, *war er mit den wilden Tieren und die Engel dienten ihm* (Markus 1,13). Für mich ist das ein Bild einer Ganzheit: Animal und Anima, das Animalische und das Geistige sind miteinander versöhnt. Deshalb glaube ich, dass der *Teufel* nicht nur Gegner, sondern auch Partner Gottes sein kann.

Frage 88

Was kommt mit dem **Tod** auf uns zu?

Befragt man die biblischen Autoren, so bekommen wir sehr verschiedene Antworten. Das Alte Testament gibt sich zumeist ganz nüchtern und diesseitig. Abraham stirbt *alt und lebenssatt* und wird *zu seinen Vätern versammelt* (1. Mose 25,8). Doch es gibt auch Bilder, in denen sich die Toten erheben. Beim Propheten Hesekiel (Kapitel 37) wird ein geradezu gespenstisches Szenario ausgemalt: Ein riesiges Totenfeld erwacht durch Gottes Odem zu neuem Leben.

Jesus spricht in sehr verschiedenen Bildern. In Gleichnissen hören wir vom großen Weltgericht: Alles kommt noch einmal zur Sprache, Gutes und Böses. Kurz vor seinem Kreuzestod spricht Jesus vom Eingehen ins Paradies. In den Abschiedsreden des Johannesevangeliums (ab Kapitel 14) redet er vom Heimgehen zu seinem Vater, in dessen Haus viele Wohnungen warten. Die dramatischsten Beschreibungen können wir in den Briefen des Paulus nachlesen. Vielleicht sind sie wegen ihrer musikalischen Vertonungen, z. B. im Brahms-Reqiem, so ergreifend: *Siehe, ich sage euch ein Geheimnis: Wir werden ... alle verwandelt werden, und dasselbe plötzlich, in einem Augenblick, zur Zeit der letzten Posaune ... und dies Sterbliche muss anziehen die Unsterblichkeit* (1. Korinther 15). – Darin scheinen sich die biblischen Autoren einig: Noch ist nicht aller Tage Abend. Ganz kühn formuliert der Verfasser des 1. Johannesbriefes (3,2): *Es ist noch nicht erschienen, was wir sein werden. Wir wissen aber, wenn es erscheinen wird, dass wir Gott gleich sein werden.*

Frage 89

Kommen die sieben **Todsünden** aus dem Paradies?

Der Kanon der sieben Todsünden wird erstmals im sechsten Jahrhundert von Papst Gregor dem Großen beschrieben. Mit Thomas von Aquin, dem großen Theologen des Mittelalters (1225-1274), hat sich die Lehre in der heute bekannten Form durchgesetzt. Die katholische Kirche lehrt den Kanon der sieben Laster bis ins 20. Jahrhundert als *Sünde zum Tod*. In der Kunstgeschichte werden sie immer wieder zur Darstellung gebracht. In jüngerer Zeit hat sie David Fincher mit seinem Film *Sieben* einem breiten Publikum vor Augen geführt: Maßlosigkeit (Völlerei), Habsucht (Gier), Trägheit (Melancholie), Zorn, Hochmut (Stolz), Wollust und Neid.

In der Bibel ist nicht von sieben Todsünden die Rede. Es gibt allerdings verschiedene Lasterkataloge in den neutestamentlichen Briefen, die teilweise aus dem antiken Umfeld übernommen wurden (z. B. Römerbrief 1, 29ff.), in denen sie teilweise auftauchen. Zur Siebenzahl kam es wegen ihrer besonderen symbolischen Bedeutung: So schuf Gott die Welt in sieben Tagen, und die urchristliche Tradition kannte sieben Werke der Barmherzigkeit (Hungrige speisen, Durstige tränken, Fremde beherbergen, Nackte bekleiden, Kranke versorgen, Gefangene besuchen, vgl. Matthäus 25,31ff. sowie Tote begraben, vgl. Tobit 1,20). Auch gab es sieben Weltwunder etc.

Wer will, kann die sieben Todsünden schon in der Paradiesgeschichte entdecken: Die Schlange weckt mit ihrer Frage in Eva den Zweifel an Gottes Großzügigkeit. Sollte Gott *geizig* sein und dem Menschen etwas vorenthalten wollen? So keimt in Eva der *Neid*. Mit dem Wunsch, Gott gleich zu sein, wird der Mensch *hochmütig*. Angesichts der lieblich anzusehenden Frucht flackert *Wollust* auf. *Gierig* stürzt sie sich schließlich auf die Früchte des verbotenen Baumes. Während die *Völlerei* noch in vollem Gange ist, kommt der Paradieseigner Gott und wird von *Zorn* erfasst. Kurz bevor der Vorhang fällt, befinden sich alle Beteiligten in tiefer *Melancholie.*

Ich meine, dass die sieben Todsünden große Aktualität haben, wenn man sie als emotionale Zwänge und Fehlhaltungen begreift. Sie versprechen Lebenssteigerung, bewirken aber in Wirklichkeit das, was sie vermeiden wollen: Einsamkeit, Sinnlosigkeit, Leere.

Frage 90

Haben
Träume
Bedeutung für den Glauben?

Träume sind Schäume, sagt der Volksmund. Die Bibel sieht das anders. Im Buch Hiob gibt es einen interessanten Hinweis: *Im Traum, im Nachtgesicht, wenn der Schlaf*

auf die Menschen fällt, wenn sie schlafen auf dem Bett,
da öffnet Gott das Ohr der Menschen und schreckt sie auf
und warnt sie, damit er den Menschen vor seinen Vorha-
ben abwende und bewahre seine Seele vor dem Verderben
... (33,15). Gott offenbart sich nicht nur in der biblischen
Schrift, sondern auch im Schlaf. Vor bestimmten Entschei-
dungen macht es durchaus Sinn, nach innen zu horchen
und »noch einmal darüber zu schlafen«.

Die Bibel ist voller Traumgeschichten. Jakob träumt
von der Himmelsleiter, ein tröstlicher Moment in einer
Geschichte von Verrat und Flucht (1. Mose 28). Matthäus
erzählt, dass Josef seine Verlobte Maria wegen der unge-
klärten Schwangerschaft verlassen will. Doch ein Traum
belehrt ihn eines Besseren. Auch die Magier aus dem Osten – in späteren Legendenbildungen werden daraus die
Heiligen Drei Könige – achten auf ihre Träume, statt den
Worten des Königs Herodes zu gehorchen, und retten so
das Leben des Jesuskindes.

Natürlich ist nicht jeder Traum eine Gottesoffenbarung.
Und: Es ist nicht leicht, Träume aufzuschließen. Auch ge-
schulte Psychologen können nur Türöffner sein für Einsichten, die einem selber von innen kommen müssen – und die
man nicht erzwingen kann. Selbst der geniale Träumer und
Traumdeuter Josef aus dem 1. Buch Mose ist bescheiden genug, darauf hinzuweisen, dass Gott ihm die Bedeutung der
Träume erschließe (1. Mose 41,16).

Ich finde, Träume erinnern uns daran, dass wir auf geheimnisvolle Weise verbunden sind mit *der anderen Seite*
und dass Raum und Zeit letztlich keine Grenzen sind.

Frage 91

Kann man noch das **Vaterunser** beten?

Versuch macht klug. Das Vaterunser kann helfen, bei sich selber aufzuklaren. Es kann helfen, zu entkrampfen und die Umklammerung des eigenen Egos zu lockern. Es kann helfen, Gott Raum zu geben und »es« einfach geschehen zu lassen. Wenn man es in der Kirche mitspricht, kann sich einem die heilsame Einsicht auftun, nicht allein seines Glückes Schmied zu sein. Ich bin nicht der Nabel der Welt, sondern ich bin verbunden mit meinen Mitmenschen, mit denen ich nicht nur denselben Atem teile, sondern auch den *VATER UNSER IM HIMMEL*. Auch wenn ich nichts von ihm weiß: Indem ich die ersten Worte dieses von Jesus überlieferten Gebetes (Matthäus 5) mitspreche, bekenne ich mich zu meinen Mitmenschen als Geschwistern. So wenig ich mir die aussuchen kann – die Mitverantwortung für sie kann ich nicht leugnen. Außerdem: Wer zum Vater im Himmel betet, hat einen Horizont, der weiter reicht als das Elternhaus. Und wer weiterbetet *GEHEILIGT WERDE DEIN NAME*, wem also der Gottesname heilig ist, der achtet auch die Würde von Gottes Ebenbild, egal welcher Hautfarbe. Und wer weiterbetet *DEIN REICH KOMME, DEIN WILLE GESCHEHE*, der übt das Wünschen und über den eigenen Tellerrand gucken. Und wer dann schließlich auch an sich denkt und die elementaren eigenen

Bedürfnisse und betet *UNSER TÄGLICHES BROT GIB UNS HEUTE*, der weiß, dass Sattwerden keine Selbstverständlichkeit ist und oft auf Kosten anderer geht. Der betet deshalb weiter *UND VERGIB UNS UNSERE SCHULD* und ist auch selbst bereit zu vergeben und spricht deshalb weiter *WIE WIR VERGEBEN UNSEREN SCHULDI-GERN*. Wer so weit mitgegangen ist, weiß um die eigenen dunklen Seiten und um die Gratwanderung, auf der wir uns oftmals befinden und ahnt, was er bittet, wenn er sagt *UND FÜHRE UNS NICHT IN VERSUCHUNG, SON-DERN ERLÖSE UNS VON DEM BÖSEN*. Und so ein Vaterunser-Beter steht am Ende ganz aufgerichtet und zuversichtlich vor seinem Gott, wenn er auf Gottes Gegenwart in dieser Welt setzt, und schließt mit den Worten *DENN DEIN IST DAS REICH UND DIE KRAFT UND DIE HERRLICHKEIT IN EWIGKEIT. AMEN.*

Frage 92

Wieso ist **Weihnachten** eine Sternstunde?

Wenn man es poetisch sagen will: Bei der Geburt im Stall von Bethlehem ist es, *als hätte der Himmel die Erde geküsst*. Deshalb werden alle Jahre wieder die lichten Sterne als Himmelsboten in den dunklen Tannenbaum gehängt, dieser also mit Kerzen beleuchtet. Lukas und Matthäus erzählen im Weihnachtsevangelium, wie in einer unwirtlichen Welt ein Moment von Güte und Glück aufleuchtet – *mitten im kalten Winter, wohl zu der halben Nacht.* So lautet ein Weihnachtslied. Alles steht gegen einen. Es ist *kein Raum in der Herberge* (Lukas 2,7). Was bis heute Alltag ist an unzähligen Orten dieser Erde, darauf richtet sich alle Jahre wieder die Aufmerksamkeit der ganzen Welt. Einmal im Jahr ruht das Börsengeschehen. Warum? Weil irgendwo im letzten Winkel der Welt in einer Notunterkunft ein Kind zur Welt kommt. Und da, mitten ins Elend, *geht hinein ein ewig Schein.* So besingt ein anderes Lied das Ereignis. Das Göttliche tritt ein in diese Welt mit einer Geburt. In der Krippe, einem Futtertrog, schauen wir der göttlichen Gegenwart ins Gesicht. *O wie lacht Lieb aus deinem göttlichen Mund,* so heißt es im wohl bekanntesten Weihnachtslied *Stille Nacht.* Gott kommt im Kind zur Welt – bis heute. Man muss sich tief bücken, um das wahrzunehmen. Doch ganz vergessen ist diese Sternstunde bis heute nicht. Und zwar nicht nur wegen Weihnachten. Wir haben uns angewöhnt, Geburten mit einem Stern (*) als Symbol anzuzeigen. So beschenkt fühlen sich Eltern bis heute, als ahnten sie unbewusst: Hier hat der Himmel die Erde erhört, hier ist der Höchste mit im Spiel.

Frage 93

Gibt es
am Ende der Zeit
ein
Weltgericht?

Das Leben ist kein Kreislauf mit der ewigen Wiederkehr des Gleichen. Vielmehr bewegt sich der Lauf der Welt nach Überzeugung des Christentums – wie beim Judentum – auf ein Ziel hin, ist also ein geschichtlicher Prozess. Beide Religionen denken eschatologisch (griechisch: *eschaton* = das Letzte) und nähren die Erwartung einer Ankunft, einer Ankunft am Ende der Zeit. Ein gläubiger Jude wartet auf das Kommen des Messias, ein Christ auf das Wiederkommen des Messias. Im Glaubensbekenntnis heißt es: ... *von dort* (dem Himmel) *wird er kommen zu richten die Lebenden und die Toten.*

Diese Endzeiterwartung wird missbraucht immer dann, wenn Menschen darangehen, sich selber als Gerichtshelfer Gottes zu verstehen und mit Folter und Unterdrückung andere peinigen. Oft genug dienten die schrecklichen Strafexpeditionen, die die Offenbarung des Johannes im letzten Buch der Bibel schildert, als Vorlage. Auch in Naturkatastrophen und Seuchen sah man die apokalyptischen Reiter (Offenbarung 19,11ff.) am Werk. Die Kirche hat die Schreckensszenarien immer wieder für eigene Machtzwecke benutzt, um Angst zu machen vor dem *ewigen Feuer*. So wurde die »Frohbotschaft« zur »Drohbotschaft« pervertiert.

Der Sinn der Endzeiterwartung und der Vorstellungen vom Weltgericht ist ein ganz anderer. Er ist Ausdruck eines nicht endenden Protestes und Widerspruchs gegen den Lauf der Welt und zugleich ständige Mahnung an jeden einzelnen, den eigenen Lebensstil ethisch verantwortlich auszurichten. Dazu erzählt Jesus als mahnendes Gleichnis die Geschichte vom großen Weltgericht (Matthäus 25, 31ff.). Der Glaube ans Weltgericht hält an der Überzeugung fest: Der Mörder wird nicht ewig über sein Opfer triumphieren. Kein Mensch kann und darf einfach unter die Erde gepflügt werden. Gott hat Gedächtnis. Alles kommt noch einmal zur Sprache und wird am Ende *gerichtet*, also zurecht gebracht. Bis Gott sein wird *alles in allem* (1. Korinther 15,28), so die versöhnliche Vorstellung des Paulus.

Frage 94

Glauben Christen an die Wiedergeburt?

Man kann den Eindruck bekommen, hier bestehe ein Zusammenhang: Je weniger Menschen heute bei uns an die Auferstehung glauben, desto mehr scheinen von der Wiedergeburt überzeugt zu sein. Dabei ist der Reinkarnationsglaube – wörtlich heißt das Fremdwort: *wieder ins Fleisch kommen* – eher ein fernöstlicher Import. Im

Hinduismus wie im Buddhismus glaubt man, dass der Mensch wiedergeboren wird – und zwar schlicht gesagt deshalb, um es im nächsten Leben besser machen zu können. Ziel dieses anstrengenden Weges ist es, irgendwann endlich aus dieser Mühle der Wiedergeburten befreit zu werden. Im Westen hat man dagegen der Wiedergeburt eine positive Deutung gegeben, so unter dem Motto: In diesem Leben schaffe ich eh nicht alles, die jetzt verpassten Chancen nutze ich nächstes Mal.

Zur Zeit Jesu gab es die Vorstellung einer Wiedergeburt ebenfalls. Manche sahen in Johannes dem Täufer den wiedergekehrten Elia (Johannes 1,21). Einmal, als er von der künftigen Welt redet, spricht Jesus ausdrücklich von der *Wiedergeburt* (Matthäus 19,28). Doch Jesus setzt einen anderen Akzent: Hier und jetzt sei es nötig, von neuem geboren zu werden. Wie denn das gehe, fragt ihn ein interessierter Zeitgenosse (Johannes 3,1-21). Soll ich wieder in den Leib meiner Mutter zurück? Doch Jesus meint ein Neugeborenwerden aus dem Geist. Unserer körperlichen muss eine Art seelischer Geburt folgen.

Frage 95

Schließen sich Glaube und **Wissenschaft** nicht aus?

An der Wiege des Christentums findet man ein aufgeschlagenes Buch. Die christliche Ikonographie zeigt Maria auf zahlreichen Darstellungen lesend. Die Mutter Jesu ist arm, aber keineswegs ungebildet. So will es die Tradition. Glaube und Wissenschaft gehören von Anfang an zusammen. Maria ist wissensbegierig wie ihr Sohn, der als 12-Jähriger im Tempel mit den Schriftgelehrten debattiert.

Ein erklärtes Ziel der Reformation ist Bildung. Deshalb übersetzt Luther die Bibel ins Deutsche. Mündigkeit ist für den Reformator die Voraussetzung für das von ihm propagierte »Priestertum aller Gläubigen«.

Manche glauben immer noch, der Glaube beruhe auf Unwissen und die Naturwissenschaften werden ihm schon noch den Garaus machen. Dazu passt die schöne Anekdote vom Greifswalder Theologieprofessor Zöckler, der von einem Fakultätskollegen aufs Glatteis geführt wird. Wo denn der Himmel liege, will dieser wissen. Und der Theologe antwortet: Sehr weit weg, noch hinter dem Sirius. Auf die Nachfrage, wie schnell denn Jesus zum Himmel gefahren sei, lässt sich der Theologe zu einer Geschwindigkeitsangabe hinreißen. Und hat verloren gegenüber dem Naturwissenschaftler: Dann fliegt er noch.

147

Aufgeklärtes Christentum braucht sich vor der Naturwissenschaft nicht fürchten, im Gegenteil. Die Erkenntnisse etwa der Neurowissenschaften und die Fortschritte der Medizin machen staunen – und werfen neue ethische Fragen auf. Die zu beantworten – dazu braucht es kluge Theologie und empathische Seelsorge.

Werner Heisenberg, einer der bedeutendsten Physiker des 20. Jahrhunderts, hat dieses Bonmot geprägt: *Der erste Trunk aus dem Becher der Naturwissenschaft macht atheistisch, aber auf dem Grund des Bechers wartet Gott.*

Frage 96

Kann man als Christ an **Wunder** glauben?

Dass der Glaube einen Menschen tragen kann, selbst über Abgründe, davon erzählt eines der unglaublichsten Wunder im Neuen Testament (Matthäus 14): Jesus wandelt auf dem See Genezareth. Erst glauben die Jünger ein Gespenst zu sehen. Dann erkennen sie ihn. Von der anderen Seite des Sees kommt er auf sie zu. Können sie Zutrauen fassen und sich auf die Tragfähigkeit des Lebens verlassen? Petrus ist der erste, der aus sich herauskommt. Auf dein Wort hin, so sagt er. Und betritt neuen Boden, geht über das Wasser, hat IHN im Blick. Doch da kommen die

Ängste wieder hoch, überrollen ihn förmlich, er verliert die Fassung, sinkt – bis eine Hand ihn hält. Warum hast du nicht mehr Vertrauen?, wird er gefragt.

Ein Grundthema des christlichen Glaubens wird in dieser Wundergeschichte anschaulich: Kann ich mich verlassen? Oder werde ich im Zweifelsfall verlassen? Vertrauen ist die Grundmelodie, die Jesus verkündet und verkörpert hat. Wird es hindurchtragen durch alle, auch durch die Todesängste? – Wahrscheinlich spiegelt diese Wundergeschichte eine nachösterliche Erfahrung: Die Jünger sind allein, ihr Lebensschiff droht zu kentern. Da begegnet ihnen Jesus – von der anderen Seite des Sees, vom anderen Ufer des Lebens, kommt er auf sie zu. Manche zweifeln an solchen Erfahrungen, zum Beispiel der sogenannte ungläubige Thomas, der es nicht fassen kann, dass ihm der Auferstandene gegenübersteht (vgl. Matthäus 28,17).

Wunder sind des Glaubens liebste Kinder, sagt man. Wo sie allerdings ins allzu Erbauliche ausgemalt werden – z. B. in der Apostelgeschichte (19,12 und 5,15), wo das Schweißtüchlein des Paulus oder der Schatten des Petrus Kranke heilt, da stehen sie einem erwachsenen Glauben eher im Wege. Dass Jesus Wunder bewirkt hat, steht außer Frage. Doch das war damals nichts Außergewöhnliches. Und ist es heute auch nicht. Entscheidender ist, dass sich die Menschen über Jesus wunderten, und zwar besonders über seine Worte – und es noch heute tun.

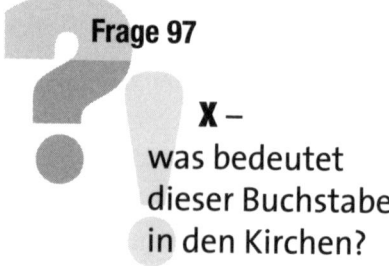

X –
was bedeutet
dieser Buchstabe
in den Kirchen?

Tatsächlich, viele Antependien, also die oft farbig und kunstvoll gestalteten Tücher an Altären oder Kanzeln, sind mit diesem Buchstaben geziert. Wobei dieses X von einem P überschrieben ist – oder es erscheint umgekehrt: Das X durchkreuzt ein P. Es handelt sich um die beiden ersten griechischen Buchstaben im Namen Christus, Chi = X und Rho = P. Und Christus ist im Hebräischen *Messias*, und das bedeutet *der von Gott Gesalbte*, der kommende Retter und Weltenrichter.

Ich sehe in diesem X noch mehr: X für Christus könnte auch als Chiffre, als verschlüsseltes Symbol, für eine noch ausstehende Wandlung stehen, die an uns geschieht, die auf uns zukommt. Besonders geheimnisvoll klingt das bei Paulus: *Wo der Geist Christi ist, da ist Freiheit. Nun aber spiegelt sich bei uns allen die Herrlichkeit Christi in unserem Angesicht, und wir werden verklärt und verwandelt in sein Bild von einer Herrlichkeit zur anderen von dem Herrn, der der Geist ist* (2. Korinther 3, 17f.).

Mir fällt dazu der französische Naturwissenschaftler und Philosoph Teilhard de Chardin (1881-1955) ein, der die These vertrat, die Geschichte des Universums steuere auf einen Punkt Omega zu (Omega ist der letzte Buch-

stabe im griechischen Alphabet). In diesen Zielpunkt der
Evolution münden seiner Theorie nach alle Hochkulturen
und Religionen. Für ihn als gläubigen Christen war dieser
Punkt identisch mit Christus.

Frage 98

Tickt die christliche **Zeitrechnung** nicht ganz richtig?

In zweierlei Hinsicht kann man das behaupten. Zum einen ist das Christentum der Zeit immer um etwa einen Mo-
nat voraus. Im kirchlichen Kalender (*Kirchenjahr*) beginnt
nämlich das neue Jahr nicht am 1. Januar, sondern bereits
am 1. Advent des vorangehenden Jahres. Insofern gehen
kirchliche Uhren anders und sind der Weltzeit voraus.

Aus noch einem ganz anderen Grund stimmt etwas
nicht mit der christlichen Zeitrechnung. Das Problem liegt
in der Datierung von Jesu Geburt. In jedem Fall ist unsere
kalendarische Jahreszahl (z. B. 2.000 nach Christus) falsch.
Lukas und Matthäus machen zwei verschiedene Zeitanga-
ben über Jesu Geburt. Lukas platziert sie in den weltlichen
Kalender: *Zu der Zeit, als ein Gebot ausging vom Kaiser
Augustus ... und Quirinius Statthalter war* – Historiker
nennen uns für diese Zeitangabe als früheste Möglichkeit
das Jahr 6 nach Christus.

Matthäus richtet sich nach dem astrologischen Kalender: Der Stern von Bethlehem könnte einen realen Hintergrund haben in einer auffallenden Jupiter/Saturn-Konjunktion des Jahres 7 vor Christus. Je nachdem, woran man sich nun orientiert, sind wir mit dem Kalenderjahr also der Zeit voraus oder hinterher. Doch was macht das schon: Markus war es nicht der Rede wert, wann Jesus geboren wurde. Und Johannes verlegte seine Geburt gleich außerhalb aller Zeit: *Im Anfang war das Wort, und das Wort war bei Gott ... und das Wort wurde Fleisch und wohnte unter uns.*

Frage 99

Hat unser Leben ein Ziel?

Ganz geboren zu werden ist das Ziel unseres Lebens. Sagt Erich Fromm, der Philosoph und Psychoanalytiker. Demnach sind wir eine ziemlich schwierige und langwierige Geburt. Die Bibel könnte so etwas wie ein Geburtshilfe-Buch sein. Auf der ersten Seite der Bibel steht, dass jeder von uns ein Bild Gottes ist. Ein schöner Gedanke. Deshalb hat der jüdische Philosoph Levinas mal gesagt: *Einem Menschen begegnen, heißt, von einem Geheimnis wachgehalten zu werden.* Andererseits hält uns die Bibel ständig den Spiegel vor Augen. Und wir sehen, wie unkenntlich und »unterbelichtet« wir als Ebenbilder Gottes sind – immer wieder der Entwicklung bedürftig. Vielleicht ist die Welt so etwas wie eine Dunkelkammer, ein Weg *durchs finstere Tal* (Psalm 23). Oder wie eine Gebärmutter: Mutter Erde oder das Leben oder Gott – wer weiß – geht mit uns schwanger. Oder wir mit Gott, wie einst Maria.

Wir wissen, dass die Schöpfung in Wehen liegt, voller Seufzen auf Erlösung wartend, sagt Paulus im Brief an die Römer (Kapitel 8). Es tut oft weh, zu reifen und zu wachsen und sich zu entwickeln. Wo geht diese Entwicklung hin?

Paulus ist sich ganz gewiss, dass unser Weg mündet in eine direkte Begegnung mit Gott. Am Ende seines sogenannten *Hohen Liedes der Liebe* (1. Korinther 13) schreibt er: *Unser Wissen und Weissagen ist Stückwerk. Wenn aber kommen wird das Vollkommene, so wird das Stückwerk aufhören. ... Wir sehen jetzt nur undeutlich wie in einem trüben Spiegel, dann aber von Angesicht zu Angesicht.*

Frage 100

Gibt es im Glauben Raum für **Zweifel**?

Glaube und Zweifel sind von Anfang an Geschwister, die aufeinander angewiesen sind. Es gibt in der Bibel nicht nur die Szene mit dem sogenannten ungläubigen Thomas:

Wenn ich nicht in seinen Händen sehe die Nägelmale und lege meinen Finger in die Nägelmale und lege meine Hand in seine Seite, kann ich's nicht glauben. (Johannes 20,25). So zweifelt er an der Auferstehung. Dieser so deutlich artikulierte Zweifel tut ihm später gut und öffnet Türen für eine neue Wahrnehmung.

Es gibt da noch die Szene am Schluss des Matthäusevangeliums. Als Jesus im Begriff ist, seine elf Jünger in die Welt zu schicken, um zu taufen und seine Lehre unters Volk zu bringen, da zweifeln *etliche* (28,17). Wie viele dürften das sein? Ein Viertel, ein Drittel? Und das in der Kerngruppe der ersten Jesusjünger! Sektiererische und fundamentalistische Gruppen würden die Zweifler, die nicht Hundertprozentigen, rauswerfen. Weil sie stören und ein ständiges Potenzial der Verunsicherung sind. Zum Glück scheint Jesus das anders zu sehen. Ob er ahnt, dass Glaube ohne Zweifel in die Starre eines geschlossenen Systems führt? Zweifler bringen frischen Wind und halten eine Organisation lebendig. Zweifler allein allerdings sind auf andere Weise in Gefahr, sie sind von Selbstzernagung und Verzweiflung bedroht. Also: Holt sie rein, die Zweifler, in eure Gremien und Zusammenkünfte! Mit Bertolt Brecht:

Immer wenn uns
Die Antwort auf eine Frage gefunden schien
Löste einer von uns an der Wand die Schnur der alten
Aufgerollten chinesischen Leinwand, so daß sie herabfiel und
Sichtbar wurde der Mann auf der Bank, der
So sehr zweifelte.

Ich, sagte er uns,
Bin der Zweifler, ich zweifle, ob
Die Arbeit gelungen ist, die eure Tage verschlungen hat.
Ob, was ihr gesagt, auch schlechter gesagt, noch für
einige Wert hätte.
Ob ihr es aber gut gesagt und euch nicht etwa
Auf die Wahrheit verlassen habt dessen, was ihr gesagt habt.
Ob es nicht vieldeutig ist, für jeden möglichen Irrtum
Tragt ihr die Schuld. Es kann auch eindeutig sein
Und den Widerspruch aus den Dingen entfernen; ist es zu
eindeutig?
Dann ist es unbrauchbar, was ihr sagt. Euer Ding ist dann
leblos
Seid ihr wirklich im Fluß des Geschehens? Einverstanden mit
Allem, was wird? Werdet ihr noch? Wer seid ihr? Zu wem
Sprecht ihr? Wem nützt es, was ihr da sagt?
Und nebenbei:
Läßt es auch nüchtern? Ist es am Morgen zu lesen?
Ist es auch angeknüpft an Vorhandenes? Sind die Sätze, die
Vor euch gesagt sind, benutzt, wenigstens widerlegt? Ist
alles belegbar?
Durch Erfahrung? Durch welche? Aber vor allem
Immer wieder vor allem anderen: Wie handelt man,
Wenn man euch glaubt, was ihr sagt? Vor allem: Wie
handelt man?
Nachdenklich betrachteten wir mit Neugier den
zweifelnden
Blauen Mann auf der Leinwand, sahen uns an und
Begannen von vorne.

Nachklang

Wie weit trägt der Glaube? Wächst er im Laufe des Lebens oder verliert er sich?

Es gibt Zeitgenossen, die ihm im hohen Alter entsagen: Der Philosoph Kurt Flasch (Jahrgang 1930) verabschiedete sich mit dem Bestseller *Warum ich kein Christ bin* kürzlich vom Glauben und ist nun bekennender Agnostiker. Der englische Biologe Richard Dawkins (Jahrgang 1941) schlägt in seinem Bestseller *Der Gotteswahn* als militanter Atheist einen deutlich schärferen Ton an.

Mich persönlich berühren bei der Fertigstellung dieses Buches eher die neuen Songs von Leonard Cohen. Zu seinem 80. Geburtstag erschien Ende September 2014 das Album *Popular Problems*. Der Enkel eines jüdischen Rabbis ist, je älter er wird, immer expliziter in seinen facettenreichen religiösen Bekenntnissen.

> There is no G-d in Heaven / And there is no Hell below
> So says the great professor / Of all there is to know
> But I've had the invitation / That a sinner can't refuse
> And it's almost like salvation / It's almost like the blues

Dann löst sich der Poet aus aller Melancholie. Er malt sein Leben hinein in die Ur-Kunden des Judentums vom Auszug aus der Sklaverei (2. Mose 14). Und macht damit deutlich: Ich muss mich nicht übernehmen. Eine andere Kraft übernimmt. Und trägt. Das sind fast beflügelnde Töne, die noch lange in mir nachklingen:

I was born in chains / But I was taken out of Egypt
I was bound to a burden /But the burden it was raised
Lord I can no longer / Keep this secret
Blessed is the Name / The Name be praised

I fled to the edge / Of the Mighty Sea of Sorrow
Pursued by the riders / Of a cruel and dark regime
But the waters parted / And my soul crossed over
Out of Egypt / Out of Pharaoh's dream

Word of Words / And Measure of all Measures
Blessed is the Name / The Name be blessed /
Written on my heart / In burning Letters
That's all I know / I cannot read the rest

Namensregister

Albertz, Heinrich   75

Aquin, Thomas von   138

Arendt, Hannah   44

Augustinus   34

Biermann, Wolf   61

Blumhardt, Christoph   24

Bonhoeffer, Dietrich   35, 113

Brecht, Bertolt   31, 154f.

Buber, Martin   35, 116

Cardenal, Ernesto   48

Chardin, Teilhard de   150

Chesterton, Gilbert Keith   42

Cohen, Leonard   11, 62, 156f.

Conrad, Joseph   22

Coppola, Francis   22

Dawkins, Richard   156

Eichendorff, Joseph von   102

Ende, Michael   32

Fincher, David   138

Flasch, Kurt   156

Frankl, Viktor E.   97

Fried, Erich   49

Fromm, Erich   152

Girard, René   23

Heisenberg, Werner   148

Kaiser, Joachim   102

Kant, Immanuel	58, 116
Kaschnitz, Marie Luise	24
King, Bernice	35
King, Martin Luther	126
Lapide, Pinchas	49
Levinas, Emmanuel	152
Luther, Martin	117f., 124
Marti, Kurt	38, 43
Miles, Jack	96
Rahner, Karl	103
Sloterdijk, Peter	129
Sölle, Dorothee	34
Strauß, Botho	11
Tersteegen, Gerhard	103
Wiesel, Elie	19
Zenetti, Lothar	29, 109

Zentrale Themenkreise

Abendmahl und Passahfest	13, 59, 61, 74, 130
Bergpredigt	27, 48f., 57, 66f., 112, 125, 141
Weihnachten	63, 73, 92
Karfreitag und Ostern	24f., 60, 74, 85, 93, 96, 109
Pfingsten	37, 114, 128, 132